## La civilización maya

*Una apasionante visión de la historia maya, desde la dominación de los olmecas en el México antiguo hasta la llegada de Hernán Cortés y la conquista española*

© Copyright 2021

Todos los derechos reservados. Ninguna parte de este libro puede ser reproducida de ninguna forma sin el permiso escrito del autor. Los revisores pueden citar breves pasajes en las reseñas.

Descargo de responsabilidad: Ninguna parte de esta publicación puede ser reproducida o transmitida de ninguna forma o por ningún medio, mecánico o electrónico, incluyendo fotocopias o grabaciones, o por ningún sistema de almacenamiento y recuperación de información, o transmitida por correo electrónico sin permiso escrito del editor.

Si bien se ha hecho todo lo posible por verificar la información proporcionada en esta publicación, ni el autor ni el editor asumen responsabilidad alguna por los errores, omisiones o interpretaciones contrarias al tema aquí tratado.

Este libro es solo para fines de entretenimiento. Las opiniones expresadas son únicamente las del autor y no deben tomarse como instrucciones u órdenes de expertos. El lector es responsable de sus propias acciones.

La adhesión a todas las leyes y regulaciones aplicables, incluyendo las leyes internacionales, federales, estatales y locales que rigen la concesión de licencias profesionales, las prácticas comerciales, la publicidad y todos los demás aspectos de la realización de negocios en los EE. UU., Canadá, Reino Unido o cualquier otra jurisdicción es responsabilidad exclusiva del comprador o del lector.

Ni el autor ni el editor asumen responsabilidad alguna en nombre del comprador o lector de estos materiales. Cualquier desaire percibido de cualquier individuo u organización es puramente involuntario.

# Índice

**INTRODUCCIÓN** .................................................................................. 1
**PRIMERA PARTE: LOS OLMECAS Y EL MAYA PRECLÁSICO (1400 A. C. - 250 D. C.)** .................................................................................. 4
    CAPÍTULO 1: SAN LORENZO TENOCHTITLAN: LA CIUDAD DE LOS OLMECAS ............................................................................. 5
    CAPÍTULO 2: LA VENTA: LA CIUDAD ISLEÑA OLMECA ................. 18
    CAPÍTULO 3: LA DECADENCIA OLMECA Y LOS EPIOLMECAS ....... 32
    CAPÍTULO 4: LA ERA MAYA PRECLÁSICA ..................................... 39
**SEGUNDA PARTE: LA ÉPOCA MAYA CLÁSICA (250-900 D. C.)** ......... 52
    CAPÍTULO 5: LA SOCIEDAD MAYA CLÁSICA ................................. 53
    CAPÍTULO 6: TIKAL: LA CIUDAD DE LOS DIOSES JAGUARES MAYAS ............................................................................................ 75
    CAPÍTULO 7: CALAKMUL: EL IMPERIO MAYA PERDIDO ............... 87
    CAPÍTULO 8: EL COLAPSO DE LA ÉPOCA CLÁSICA ...................... 98
    CAPÍTULO 9: CHICHÉN ITZÁ: LA CIUDAD MARAVILLA ................ 103
**TERCERA PARTE: LA ERA MAYA POSTCLÁSICA (900-1511 D. C.)** .... 114
    CAPÍTULO 10: EL REINO K'ICHE' DE Q'UMARKAJ ........................ 115
    CAPÍTULO 11: LA LIGA DE MAYAPÁN ........................................... 121
    CAPÍTULO 12: PETÉN ITZÁ: EL ÚLTIMO REINO MAYA ................. 125

**CUARTA PARTE: CONTACTO Y CONQUISTA ESPAÑOLA (1511-1697 D. C.)** ............ 132

   CAPÍTULO 13: PRIMEROS ENCUENTROS Y EXPLORACIÓN DE YUCATÁN .............. 133

   CAPÍTULO 14: HERNÁN CORTÉS Y PEDRO DE ALVARADO ......... 141

   CAPÍTULO 15: CONQUISTA DE CHIAPAS .......................................... 152

   CAPÍTULO 16: LA CONQUISTA DE LA PENÍNSULA DE YUCATÁN .............. 160

   CAPÍTULO 17: LAS CONQUISTAS FINALES ....................................... 167

   CONCLUSIÓN ................................................................................. 169

**VEA MÁS LIBROS ESCRITOS POR ENTHRALLING HISTORY** ............. 172

**BIBLIOGRAFÍA:** ............................................................................. 173

# Introducción

Los mayas son una de las civilizaciones más cautivadoras de la historia de Mesoamérica, con una arquitectura monumental y unas obras de arte distintivas que todavía hoy nos maravillan. Aunque los medios de comunicación populares han retratado a menudo a los mayas como pueblos primitivos que giraban en torno a espantosos sacrificios humanos, fueron una de las civilizaciones más avanzadas del mundo durante su apogeo.

Este libro pretende informar al lector sobre la realidad de la civilización maya, desde sus inicios en la costa del golfo hasta la llegada de los conquistadores españoles a la península de Yucatán. Aunque nadie podrá comprender realmente el alcance de la historia y la cultura mayas, este libro utilizará diversos recursos para ofrecer una visión general de la cronología de la civilización.

La primera parte explorará a los olmecas, a menudo llamados la «civilización madre» de las civilizaciones mesoamericanas avanzadas que vinieron después. Se tratarán los impresionantes logros arquitectónicos y artísticos, así como sus avances políticos y científicos. Estos capítulos se centrarán en gran medida en las ciudades olmecas de San Lorenzo y La Venta, así como en la ciudad epiolmeca de Tres Zapotes. En el último capítulo de la primera parte, se explorará el periodo maya preclásico: un periodo de enorme transformación y crecimiento en el corazón maya mientras la sociedad olmeca declinaba.

La segunda parte abarcará el periodo maya Clásico, cuando la civilización maya era la fuerza dominante de Centroamérica. En primer lugar, se explorará la sociedad urbana maya clásica. Se tratarán sus fascinantes creencias religiosas, su concepto del tiempo y mucho, mucho más. Estos capítulos se centrarán en gran medida en las dos mayores ciudades de las tierras bajas mayas durante el periodo clásico, Tikal y Calakmul. A continuación, se tratará el colapso de las ciudades-estado de los mayas clásicos y las numerosas teorías sobre el motivo de dicho colapso, así como el surgimiento de ciudades en el norte de Yucatán, concretamente Chichén Itzá.

La tercera parte girará en torno al periodo posclásico, cuando las poblaciones y el dominio político de los centros urbanos de las tierras bajas se dispersaron por toda la región de Yucatán. Se tratarán los mayas quiché (k'iche') de las tierras altas, la liga de Mayapán del norte de Yucatán y el reino de Petén Itzá de las tierras bajas. Esto proporcionará al lector una buena base de cómo era la sociedad maya a la llegada de los conquistadores españoles.

La cuarta parte explorará las décadas de conquista española que envolvieron la región de Yucatán. Se tratarán los numerosos conquistadores, sus expediciones y cómo afectaron a las poblaciones mayas locales.

Aunque este libro pretende ser exhaustivo, seguramente quedarán fuera muchas grandes ciudades y componentes de la vida maya. Sin embargo, su texto sirve como un gran punto de partida para los lectores que estén interesados en seguir aprendiendo sobre una de las mayores civilizaciones del mundo.

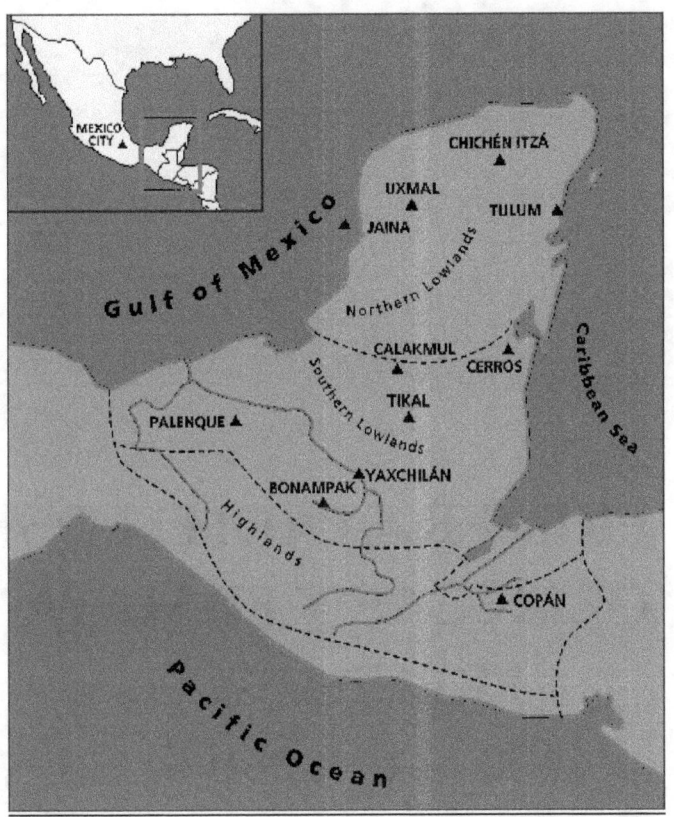

https://www.historymuseum.ca/cmc/exhibitions/civil/maya/mmc11eng.html

# PRIMERA PARTE: LOS OLMECAS Y EL MAYA PRECLÁSICO
### (1400 a. C. - 250 d. C.)

# Capítulo 1: San Lorenzo Tenochtitlan: La ciudad de los olmecas

Los olmecas son ampliamente considerados como la primera civilización de Mesoamérica y una de las más prominentes «culturas madre» que eventualmente se convertirían en las grandes civilizaciones maya y azteca. Hasta el siglo XIII a. C., la antigua Mesoamérica se componía en gran medida de pequeñas aldeas primitivas dispersas por toda América Central. Los olmecas avanzaron mucho más allá de los límites de una civilización primitiva de la edad de piedra y acabaron convirtiéndose en el pueblo dominante de la región de la costa del golfo de México.

Los olmecas eran unos escultores excepcionales y su arte tuvo una gran influencia en las civilizaciones mesoamericanas que surgieron en Centroamérica después de ellos. Las esculturas y la arquitectura de los olmecas han demostrado ser indispensables para entender su antigua cultura, ya que estos artefactos de piedra han sido algunos de los únicos rastros de los olmecas que han sobrevivido. No solo eran talentosos escultores y artesanos, sino que demostraron ser excelentes administradores, agricultores y diplomáticos.

Los olmecas se expandieron sobre las primitivas aldeas agrícolas y crearon grandes centros urbanos agrícolas, en los que se utilizaban avanzados métodos de riego y cultivo. El primero de estos centros urbanos fue San Lorenzo Tenochtitlan, situado a unas 38 millas del golfo de México, en el actual estado de Veracruz. (Esta ciudad no debe confundirse con la capital azteca de Tenochtitlan que surgiría muchos siglos después).

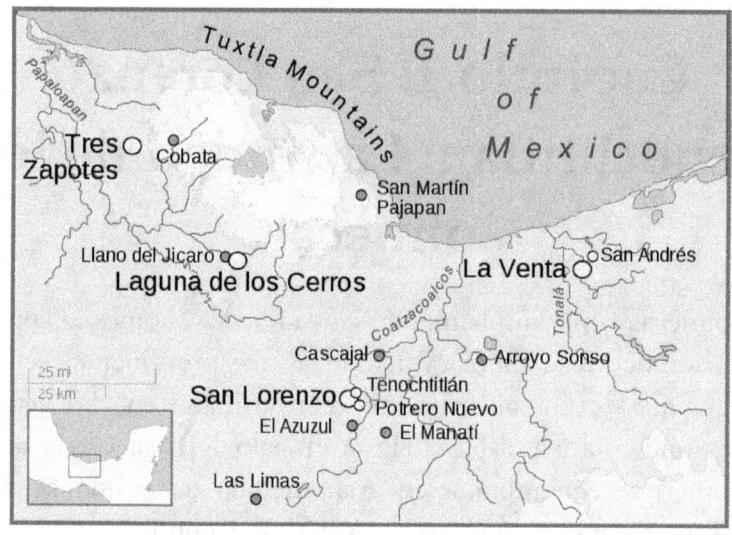

*Los puntos amarillos muestran los pueblos y ciudades olmecas conocidos. Los puntos rojos marcan los lugares en los que se han encontrado artefactos o arte que no están asociados con la vivienda (Crédito: Wikimedia Commons)*

San Lorenzo se considera la primera ciudad olmeca avanzada y fue, con diferencia, la más próspera de la región durante el periodo Formativo temprano de la historia de Mesoamérica (1800-900 a. C.). La ciudad se convirtió en la potencia dominante de la llanura costera del golfo, lo que contribuyó a que la cultura olmeca se extendiera ampliamente a otras sociedades mesoamericanas.

La sociedad olmeca prosperó en la región durante cientos de años antes de la creación de San Lorenzo. El cercano yacimiento de El Manatí estaba en uso desde el año 1600 a. C. y prosperó como pequeña ciudad costera. La arqueología del yacimiento muestra que los colonos olmecas empezaron a llegar a la zona de San Lorenzo en torno al año 1450 a. C., y que fue creciendo hasta convertirse en una gran aldea.

Sin embargo, no fue hasta la ascensión de San Lorenzo como poder dominante de la región en el siglo XII a. C. cuando el uso de las prácticas de caza y recolección, la agricultura, la cultura olmeca distintiva y la habilidad administrativa se unieron para formar un centro urbano mesoamericano avanzado.

La ciudad tenía una estructura política socioeconómica muy parecida a la de las antiguas ciudades-estado de Europa y Asia, formada por una élite de terratenientes y una clase trabajadora campesina. Las extensas redes de comercio que conectaban la economía de la ciudad con otras comunidades mesoamericanas de la región contribuyeron en gran medida a la difusión de las diferentes culturas en toda América Central.

Entre el 1150 y el 900 a. C., San Lorenzo disfrutó de su máximo dominio en la región hasta que fue sustituida como potencia regional por la cercana ciudad olmeca de La Venta. A principios del siglo IX a. C., gran parte de la población de San Lorenzo se había trasladado a otros lugares. Aunque habría asentamientos posteriores en la ciudad, esta nunca se acercaría a la prosperidad que tuvo en su día. Muchos estudiosos especulan que esta dispersión y éxodo masivo de la población de San Lorenzo sentó las bases de la civilización maya que dominaría la región años después.

Las primeras excavaciones del sitio de San Lorenzo comenzaron en 1945 por Mathew Stirling y Philip Drucker, patrocinadas por el Instituto Smithsoniano y la Sociedad Geográfica Nacional. Stirling descubrió muchos de los primeros restos de la ciudad olmeca y sorprendió enormemente a la comunidad arqueológica al declarar que la ciudad pertenecía a una antigua civilización anterior a la maya.

Sin embargo, la mayor parte de sus hallazgos se produjeron entre el 600 y el 400 a. C., mucho después de la edad de oro de la ciudad. En 1966, Michael Coe dirigió el proyecto de la Universidad de Yale sobre las ruinas de la ciudad, y se llevaron a cabo proyectos de cartografía de excavación masiva que mostraron la verdadera cronología de la ciudad olmeca. El Proyecto Arqueológico Tenochtitlan de San Lorenzo ha dirigido la excavación de la ciudad desde 1990, y su trabajo ha permitido descubrir miles de artefactos, monumentos y patrones de asentamiento.

<u>Paisaje de la ciudad</u>

La ciudad estaba situada en una de las mayores regiones costeras de Mesoamérica. Estaba construida sobre un terreno elevado (160 pies de altura) rodeado de una llanura, que incluía numerosos afluentes y fuentes de agua. La ubicación de la ciudad en un terreno elevado aumentó en gran medida su densidad de población, ya que los habitantes situados en los humedales se trasladaron a la ciudad para escapar de las inundaciones. El área central de la ciudad abarcaba unos 140 acres, y se calcula que los olmecas movieron entre 50.000 y 2.000.000 de metros cúbicos de tierra por cesta para construir la ciudad.

Se calcula que 5.500 personas podrían haber vivido en la ciudad inmediata, mientras que 13.000 personas podrían haber poblado toda la región circundante. Durante el apogeo de la ciudad, esta controlaba gran parte de la cuenca del río Coatzacoalcos. Sin embargo, muchas zonas al norte y al este de la ciudad gozaban de una considerable autonomía respecto a la influencia de San Lorenzo, incluida la ciudad de La Venta.

La pesca, la caza y la recolección a lo largo de la llanura costera inundable de la ciudad fue la principal forma de sustento de la población de la ciudad durante su ascenso inicial al poder. El róbalo era el principal pescado capturado por los pescadores de San Lorenzo, y los animales acuáticos constituían alrededor del 60% del consumo de carne de la ciudad. La ciudad también dependía de muchas especies no acuáticas para alimentarse, como ciervos, aves, perros y conejos.

Aunque al principio la población de la ciudad obtenía la mayor parte de sus alimentos de los recursos de las llanuras aluviales, empezó a depender cada vez más de la agricultura a lo largo del periodo Formativo temprano. Se calcula que 30 millas cuadradas de la región se destinaron al cultivo de la cosecha principal de los olmecas: el maíz. Los habitantes de la ciudad podían producir 500 toneladas métricas de maíz al año, lo que alimentaba a unas 5.500 personas. Aunque gran parte de su sector agrícola se dedicaba a la producción de maíz, las judías y la mandioca —un arbusto leñoso también conocido como yuca— se cosechaban ampliamente en toda la región.

Las tierras agrícolas de la ciudad eran prósperas gracias a las abundantes precipitaciones de la región y a la riqueza del suelo alimentado por la costa del golfo y sus numerosas fuentes de agua. La competencia por estos suelos fértiles creó una competencia entre la población de la ciudad, que sentó las bases de la composición socioeconómica de San Lorenzo. Debido a esta competencia, se creó en la ciudad una élite de terratenientes, y el sistema económico de San Lorenzo reflejó cada vez más los sistemas de muchos reinos europeos y asiáticos.

Mientras que la élite gobernante residía en la meseta elevada de la ciudad, la mayoría de la población vivía en la ladera de la meseta. La clase dirigente vivía en grandes casas construidas sobre plataformas de arcilla, con muchas de las estatuas características de la ciudad rodeando sus casas.

El «Palacio Rojo», reservado a la élite de la ciudad, estaba hecho con suelos de tierra y paredes enlucidas con arena y manchadas de hematites. El palacio era un complejo que incluía cinco estructuras diferentes y un gran taller dedicado a las esculturas de basalto. Otras casas de la élite estaban hechas con basalto, arcilla, piedra caliza o barro.

Fuera de San Lorenzo, muchos otros asentamientos y pueblos cercanos estaban bajo la influencia directa de la ciudad. Los asentamientos cercanos de Tenochtitlan y Potrero Nuevo estaban poblados por campesinos y agricultores que eran una parte central de la producción agrícola de la ciudad. Estas pequeñas aldeas fueron muy probablemente gobernadas por miembros de la élite de la población de la ciudad. Estas comunidades más pequeñas no solo se utilizaban para la producción agrícola con el fin de alimentar a la población de la ciudad, sino también para actuar como guarniciones militares para la defensa de la ciudad.

Esto demuestra que San Lorenzo era mucho más que una ciudad olmeca agraria. Durante su apogeo, San Lorenzo se convirtió en un imperio regional que utilizó sus alrededores para fortalecerse aún más.

Los ingenieros de la ciudad también crearon un sofisticado sistema de drenaje. Un sistema de drenaje en forma de herradura, compuesto por tuberías hechas de piedra, permitía la entrada y salida del agua. Algunas pruebas apuntan a que el agua tenía un valor ceremonial y religioso en la cultura olmeca, ya que muchos de estos sistemas de agua estaban decorados con inscripciones y objetos espirituales. La ciudad también construyó diques para controlar las inundaciones alrededor de los ríos en Potrero Nuevo y El Azuzul.

<u>Esculturas</u>

La ciudad es famosa en el campo de la arqueología por las numerosas estatuas y esculturas de piedra que se han encontrado en sus ruinas. El estilo más famoso de estas esculturas se ha denominado «cabezas colosales».

*Cabeza colosal 3 de San Lorenzo. Esta cabeza en particular pesa alrededor de 9 toneladas y mide 1,5 metros de alto y 1,5 metros de ancho (Crédito: Maribel Ponce Iba; frida27ponce)*

La mayor de estas estatuas medía nueve pies de altura, y algunas llegaban a pesar 28 toneladas. Las cabezas solían estar representadas con un casco que se asemejaba a los cascos del fútbol americano de principios del siglo XX.

Se cree que estas estatuas representan seres sobrenaturales de la religión olmeca, líderes de la ciudad o venerados antepasados de las familias de la ciudad. Los arqueólogos han descubierto muchas de estas esculturas en todo el yacimiento de San Lorenzo, y se cree que existen muchas más repartidas por toda la región. La arqueología ha demostrado que en la ciudad se celebraban muchas ceremonias y rituales, y estas esculturas eran una parte importante de muchas de las ceremonias.

Más impresionante aún que las propias cabezas es el método con el que fueron construidas. Como muchos otros artefactos olmecas, se construyeron con rocas basálticas. Los constructores de las estatuas viajaban a las montañas de Tuxtla, a 65 kilómetros de distancia, para recuperar el basalto del volcán Cerro Cinotepeque. Se cree que las piedras eran arrastradas hasta el río Coatzacoalcos, donde eran transportadas en balsa hasta la ciudad. Esto demuestra la gran sofisticación de los olmecas, ya que no habría sido una hazaña fácil.

Los escultores de la ciudad no solo crearon esculturas de cabezas gigantes, sino también representaciones más pequeñas de animales regionales. Durante las primeras etapas de la ascensión de la ciudad al poder regional, los animales se utilizaban con frecuencia en las obras de arte olmecas, lo que puede indicar que el mundo animal desempeñaba un papel importante en su espiritualidad. Los escultores olmecas crearon un estilo distintivo de figurillas que representaban un híbrido de jaguar y humano. La cerámica de barro se producía y utilizaba en todos los hogares de San Lorenzo, y la evidencia arqueológica sugiere que la cerámica se exportaba ampliamente fuera de la ciudad.

*Un adolescente presentando una cría de hombre-jaguar. Mide 22 pulgadas de alto y es la mayor escultura de piedra verde conocida (Crédito: Mag2017)*

Los talleres de escultura y cerámica estaban dirigidos por la élite, y las obras de arte se utilizaban en gran medida para legitimar y mantener la autoridad de los ciudadanos de clase alta de San Lorenzo. Las esculturas se colocaban estratégicamente en toda la ciudad, en las entradas, en las grandes plazas y en el exterior de las casas de la élite.

Los habitantes de San Lorenzo eran ávidos mercaderes y comerciaban con frecuencia con las ciudades y asentamientos vecinos. La obsidiana, que se utilizaba en gran medida para construir armas y equipos de cultivo, se compraba en nueve fuentes mesoamericanas diferentes de las tierras altas del sur de México y Guatemala.

La cerámica olmeca creada en la ciudad se ha encontrado en yacimientos arqueológicos de toda América Central, especialmente en el estado de Chiapas, en la actual frontera entre México y Guatemala. De hecho, se han encontrado más objetos olmecas en el yacimiento de Cantón Corralito, en Chiapas, que en la propia ciudad de San Lorenzo. La ciudad exportaba principalmente estos objetos, ya que no se ha encontrado evidencia en el sitio de San Lorenzo sobre la importación de cerámica u otros objetos cerámicos de culturas externas.

La mayoría de las esculturas fueron destruidas o dañadas alrededor del año 900 a. C., época en la que la ciudad comenzó su pronunciado declive. Aunque los expertos no han llegado a un consenso sobre la razón exacta de su declive, la destrucción de las esculturas puede apuntar a la conquista de la ciudad por parte de una fuerza invasora o al abandono de la población, destruyendo simbólicamente todo lo que representaba.

*Vaso de cerámica con forma de pájaro; nótese el ocre rojo (un pigmento de arcilla). Esta pieza se ha datado entre el siglo XIII y el IX a. C. Se la puede ver en el Museo Metropolitano de Arte de Nueva York, Estados Unidos (Crédito: Wikimedia Commons)*

Decadencia

Entre el 1400 y el 900 a. C., San Lorenzo disfrutó de su máximo poder en la región, pero desde el 900 a. C. hasta el 400 a. C., la población comenzó a decaer a medida que la población se desplazaba cada vez más fuera de la ciudad. Del 300 al 50 a. C., la población disminuyó aún más hasta quedar casi desierta. La ciudad se repobló finalmente de forma escasa entre el 800 y el 1000 d. C., pero nunca volvió a acercarse a lo que fue.

Los expertos coinciden en que la ciudad decayó y fue sustituida por La Venta como potencia regional en el siglo X a. C., pero se desconoce la causa de este rápido declive. Las pruebas arqueológicas demuestran que, a partir del año 900 a. C., no se construyeron más monumentos de piedra ni otros grandes proyectos en la ciudad. Durante este periodo, la población de la meseta central de la ciudad disminuyó en un asombroso 57%.

Algunos han especulado que fue invadida por una ciudad rival o que se deterioró debido a los cambios medioambientales. El desplazamiento de los antiguos ríos cercanos alejándose de la ciudad puede haber perturbado gravemente las redes comerciales vitales de la ciudad, y una sequía que se produjo durante la época del declive puede haber provocado una disminución de las cosechas.

Estudios recientes han demostrado que durante el periodo Formativo temprano la ciudad dependía principalmente de su ubicación costera para su sustento. La caza y la recolección en la llanura aluvial atrajeron a muchos forasteros a la ciudad, contribuyeron al crecimiento de la población y crearon un sistema político que la élite utilizó para mantener la estabilidad en la región. Sin embargo, a medida que la población empezó a depender cada vez más de la agricultura, este sistema pudo empezar a desmoronarse.

Lo más probable es que la decadencia de San Lorenzo no se debiera a un único acontecimiento cataclísmico, sino más bien a circunstancias cambiantes que hicieron que su población se trasladara a otros lugares. La élite de la ciudad seguramente confiaba en la dependencia de su población del sustento de la llanura aluvial para mantener su control sobre la población, y este sistema de dependencia puede haber sido desmantelado por una mayor dependencia de la agricultura a medida que la población se trasladaba cada vez más a aldeas agrícolas aisladas en las tierras altas.

Algunos estudiosos creen que esto puede indicar que la población de la ciudad puede haber crecido cada vez más desilusionada por su gobierno y estaban más que dispuestos a salir de San Lorenzo cuando la oportunidad se presentó. Otros han conjeturado que la población de la ciudad simplemente vio más oportunidades en vivir en zonas rurales aisladas o en otros asentamientos de los alrededores, como La Venta, que eran cada vez más prósperos que San Lorenzo.

Aunque San Lorenzo nunca volvió a ser una ciudad dominante en la región después del 900 a. C., sentó las bases para las numerosas ciudades mesoamericanas que vendrían después. El éxito de la ciudad como potencia regional durante el periodo Formativo temprano demostró que los crecientes desarrollos de la tecnología, la cultura y la administración mesoamericana ya no podían limitarse a la primitiva sociedad aldeana de la Edad de Piedra. La muerte de San Lorenzo como poder regional de la costa del golfo marcó el inicio de la civilización mesoamericana avanzada en la antigua América Central.

# Capítulo 2: La Venta: La ciudad isleña olmeca

El declive de San Lorenzo hacia el año 900 a. C. marcó el ascenso al poder de la ciudad vecina de La Venta en la región. La Venta disfrutaría de medio milenio de dominio regional durante el período Formativo medio (900-400 a. C.) de la historia mesoamericana antes que también fuera abandonada por gran parte de su población.

A lo largo del Formativo medio, las influencias de la ciudad de San Lorenzo se extendieron por toda América Central, ya que empezaron a surgir asentamientos más grandes y centros urbanos en toda la sociedad mesoamericana. La mayor dependencia de la agricultura significó que el sustento mesoamericano ya no dependía de la caza y la recolección, y la propiedad de tierras fértiles comenzó a transformar las estructuras de poder de la región.

A medida que estas ciudades crecían, se creaban estructuras socioeconómicas de clase, y los miembros de la élite de las ciudades exigían cada vez más artículos de lujo, que incluían desde estatuillas de piedra hasta bloques de serpentina. Esto dio lugar a una explosión de la artesanía olmeca, y muchas de las élites de las ciudades crearon activamente talleres para producir estos objetos en masa. Las redes de comercio de toda la región se utilizaron con mayor frecuencia, ya que la demanda de estos artículos hizo que las ciudades se especializaran en algunas producciones e importaran otras.

Los asentamientos no solo crecieron por el aumento de la densidad de población, sino que las prácticas culturales olmecas distintivas también se arraigaron más en la región, ya que estos centros urbanos se convirtieron en focos de una variedad de influencias culturales mesoamericanas. Ninguna otra ciudad mostró mejor esta explosión de la cultura olmeca durante el Formativo medio que la ciudad de La Venta.

Muchos arqueólogos creen que La Venta fue la mayor ciudad olmeca de la antigua Mesoamérica, tanto en población como en influencia. En comparación con el sitio de San Lorenzo, las excavaciones en La Venta indican que la ciudad arraigó el ceremonial religioso mucho más profundamente en su población. Los sacerdotes de la ciudad tenían un enorme poder en La Venta y utilizaban con frecuencia los rituales y la doctrina religiosa para mantener el control de su población. La ciudad albergaba la primera pirámide de Mesoamérica, que atraía a gente de toda la región para participar en sus ceremonias religiosas.

*La Gran Pirámide de La Venta. Tiene unos 110 pies de altura y está rellena con unos 3,5 millones de pies cúbicos de tierra. Está hecha completamente por el hombre; se ha teorizado que los olmecas la construyeron para representar una montaña, que consideraban sagrada, para utilizarla en sus ceremonias religiosas (Crédito: Alfonsobouchot)*

Se cree que la ciudad se asentó por primera vez en el año 1750 a. C. y que fue aumentando su población hasta que la caída de San Lorenzo, alrededor del año 900 a. C., marcó su dominio regional. La ciudad de La Venta estaba situada en el plano aluvial más grande de México, y su territorio comprendía la zona entre los ríos Mezcalapa y Coatzacoalcos, en el actual estado mexicano de Tabasco. La ciudad en sí estaba situada en una isla de tres kilómetros cuadrados en un pantano costero del golfo de México.

La ciudad estaba situada muy cerca de cuatro ecosistemas distintos: marismas, manglares, bosques tropicales y el océano. Esto proporcionó a los habitantes una variedad de flora y fauna para cazar y recolectar en toda la región, aunque la agricultura comenzó a dominar cada vez más la ciudad a lo largo del periodo Formativo medio. Los habitantes de La Venta hicieron de los animales de la llanura aluvial una parte importante de su dieta y establecieron cada vez más granjas de maíz en las zonas ribereñas de la región. La ciudad contaba con amplias redes de comercio en toda la región, ya que los arqueólogos han encontrado pruebas de pequeñas guarniciones militares en regiones cercanas que protegían el comercio de la ciudad.

Los estudiosos no están seguros de qué parte de la zona circundante estaba bajo el control directo de La Venta. Se cree que el asentamiento de Arroyo Pesquero (a 20 km al sur) y la urbanización de Arroyo Sonso (a unos 35 km al sureste) pueden haber estado controlados por el gobierno de La Venta.

Al igual que San Lorenzo, la ciudad tenía una sociedad compleja de diferentes ocupaciones y clases socioeconómicas. La Venta tenía una sociedad excepcionalmente segregada, ya que a la élite se le permitía asistir a ceremonias en partes de la ciudad en las que el resto de la población no lo hacía. La mayor parte de la población de la ciudad vivía relativamente lejos de la isla central de la ciudad. Gran parte de la población de la ciudad vivía en el asentamiento cercano de San Andrés y en otros pueblos y aldeas vecinas.

La ciudad en sí fue construida en gran parte con tierra y arcilla, así como con el basalto que se transportaba desde las cercanas montañas de Tuxtla. También se han encontrado cuatro grandes esculturas de basalto con «cabezas colosales» en toda La Venta; estas se parecen mucho a las encontradas en San Lorenzo.

*Conocido como Monumento Uno. Se encontró a unos cien pies al sur de la Gran Pirámide, y se puede ver hoy en día en Villahermosa. Esta cabeza en particular tiene unos nueve pies de altura, y se cree que fue creada entre el 800 y el 700 a. C. (Crédito: Glysiak)*

Excavaciones

Frans Blom y Oliver La Farge publicaron por primera vez detalles sobre la ciudad en 1925 durante una expedición patrocinada por la Universidad de Tulane. En un principio pensaron que habían descubierto una ciudad maya hasta que la datación por radiocarbono demostró que se trataba de una ciudad olmeca más antigua. Debido a su ubicación en la densa selva, los expertos tardaron muchos años en darse cuenta que los diferentes restos del yacimiento pertenecían a una sola ciudad.

Mathew Stirling y Philip Drucker dirigieron las primeras excavaciones del yacimiento a lo largo de la década de 1940. Estas primeras excavaciones fueron financiadas por el Instituto

Smithsoniano y la National Geographic Society. Los trabajos publicados por Stirling sobre sus hallazgos en La Venta ayudaron en gran medida a los estudiosos a comprender la cultura olmeca.

La National Geographic Society volvió a financiar una expedición dirigida por Philip Drucker, Robert Heizer y Robert Squier en 1955 que se centró específicamente en las tumbas y plazas del Complejo A. El equipo de Drucker descubrió gran cantidad de artefactos, incluidos restos de cerámica olmeca y joyas de jade. También realizaron algunos de los primeros mapas de la ciudad, dividiéndola en zonas designadas. El equipo encontró un total de 53 ofrendas diferentes, que iban desde pequeñas tumbas llenas de cerámica hasta enormes fosas subterráneas llenas de grandes bloques de serpentina.

A principios de la década de 1960, la mayor parte de la ciudad seguía sin excavar, y muchos arqueólogos creían que el gobierno mexicano no se esforzaba lo suficiente por proteger el yacimiento. Las excavaciones ilegales que no eran supervisadas por profesionales, así como el establecimiento de una base de operaciones en la ciudad para una compañía petrolera, amenazaban en gran medida el futuro trabajo de los arqueólogos.

A lo largo de la década de 1960, la National Geographic Society siguió financiando las excavaciones y, en 1967, se descubrió que la forma de la ciudad trazada por los arqueólogos había sido completamente errónea debido al denso follaje de la selva que cubría gran parte de la zona. El equipo de excavación también tomó numerosas muestras de carbono para demostrar que los habitantes de la ciudad eran anteriores a la civilización maya.

El Instituto Nacional de Antropología e Historia realizó grandes excavaciones a lo largo de la década de 1980. Estos esfuerzos giraron principalmente en torno a la cartografía exacta de la ciudad y a la creación de una frontera protectora que ayudara a preservar el sitio. Desde la década de 1980, el yacimiento de La Venta ha sido objeto de continuas excavaciones y se ha convertido en uno de los sitios arqueológicos más estudiados de América, aunque todavía se enfrenta a muchos peligros que podrían impedir la realización de más excavaciones precisas.

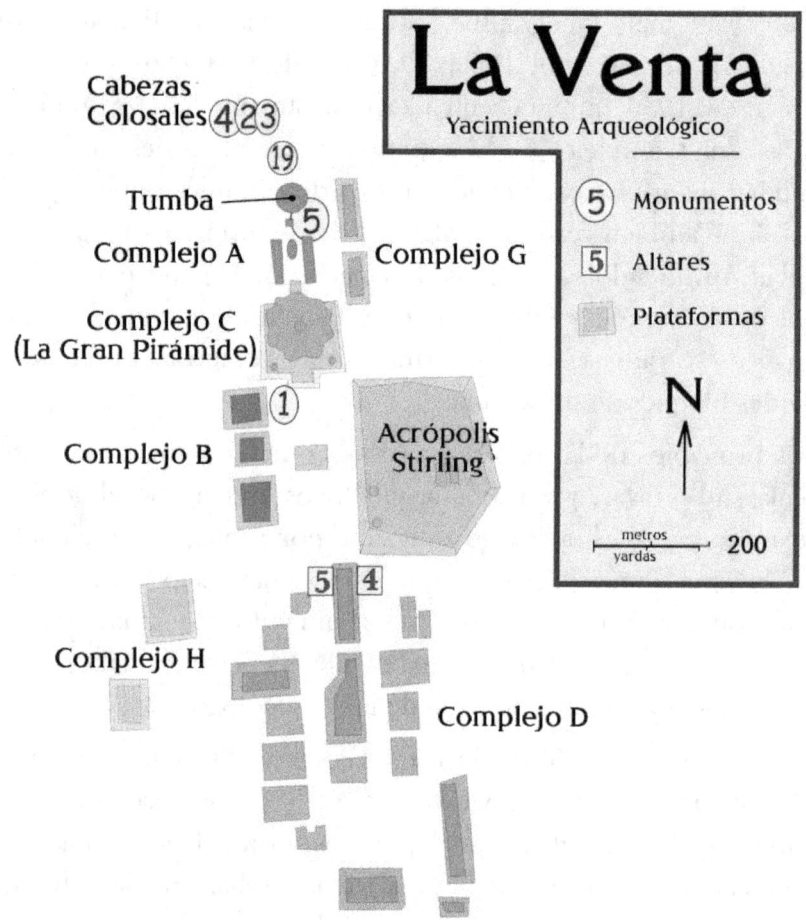

*Plano del yacimiento de La Venta (Crédito: Mapmaster)*

En 2009, 23 esculturas diferentes fueron dañadas en la ciudad por miembros de una iglesia evangélica mexicana que llevaron a cabo rituales espirituales que implicaban el vertido de agua salada, zumo de uva y aceite sobre estas esculturas, incluidas las cuatro esculturas de cabezas colosales de la ciudad. Tras el incidente, la población mexicana presionó al gobierno para que promulgara leyes de protección más estrictas.

## La distribución de la ciudad

La isla central de la ciudad estaba reservada a las casas de la élite. La isla también incluía una sección sagrada restringida a la clase gobernante, la Gran Pirámide, y las plazas en el sur de la isla.

Los numerosos altares, montículos, esculturas y tumbas encontrados por los excavadores en el yacimiento de La Venta demuestran que la ciudad tenía un gran valor ceremonial para los olmecas de la región. El centro de la ciudad servía como área ceremonial masiva, con un gran número de montículos, plataformas y tumbas que apuntaban en la misma dirección, ocho grados al oeste del norte. Esta área central ha sido dividida por los arqueólogos en cuatro zonas distintas.

En el Complejo A, el más septentrional, muchos montículos ceremoniales rodean dos grandes patios que solo utilizaba la élite de la ciudad. Filas de grandes columnas de basalto separaban estas plazas de élite del resto de la población de la ciudad.

También existen numerosas tumbas construidas para los gobernantes fallecidos en esta zona. En estas tumbas se encontraron muchos adornos de jade, así como espejos hechos de mineral de hierro. Estos objetos que se dejaron por toda esta zona han resultado ser algunas de las ofrendas más valiosas de la historia temprana de Mesoamérica. Por desgracia, debido a la humedad del clima de la costa del golfo, solo unos pocos huesos han sobrevivido a los siglos. Esto ha dificultado la comprensión exacta del tipo de personas que fueron enterradas en estas tumbas.

En comparación con otros montículos y plazas de la sociedad mesoamericana posterior, los de La Venta no eran especialmente grandes; sin embargo, estaban excepcionalmente bien construidos y finamente detallados. Las plataformas, construidas en su mayoría con ladrillos de adobe, situadas por toda la plaza eran multicolores, en gran parte hechas con arenas y arcilla teñidas.

En el Complejo A, se encontraron cinco ofrendas de grandes bloques de serpentina (importados a la ciudad) en las tumbas de los gobernantes fallecidos. En muchas de estas tumbas se enterraron grandes mosaicos de pavimento decorados con arcillas multicolores, y algunos han especulado que se utilizaron para representar imágenes espirituales.

*Uno de los mosaicos desenterrados; mide unos cuatro metros por cinco y está formado por casi quinientos bloques de serpentina (Crédito: Ruben Charles)*

En el lado oriental de la plaza pública del Complejo B se encuentra la Acrópolis de Stirling, una gran plataforma que se utilizaba para las ceremonias públicas y los discursos. También se encontraron tres pequeños montículos en el extremo occidental del Complejo B.

El Complejo C alberga la que fue la estructura más alta de Mesoamérica en el momento de su construcción. La Gran Pirámide de 110 pies de altura, situada en el mismo centro de la ciudad, fue construida casi en su totalidad con arcilla, y en su cima se han encontrado numerosas tumbas y altares. Desde esa cima, los espectadores podían observar toda la zona circundante, incluidas las montañas de Tuxtla, de donde la ciudad obtenía la mayor parte de su basalto.

Se cree que en esta cima se realizaban muchos rituales y ceremonias, ya que las montañas se consideraban sagradas para el sistema de creencias olmeca. Hoy en día, se parece más a una gran colina debido a siglos de erosión eólica, pero originalmente se construyó como una pirámide rectangular que tenía terrazas escalonadas a lo largo de sus lados.

Al sur de la pirámide se encontraba la plaza dedicada a las ceremonias para la población en general. Una gran plataforma se encontraba en el centro de la zona, donde se daban discursos y rituales ante grandes multitudes.

Poco se sabe del Complejo D, que parece haber sido la ubicación de los edificios gubernamentales de la ciudad. Se han encontrado veinte montículos en este complejo, y otra gran plaza en este complejo en el sur de la ciudad.

Las evidencias arqueológicas de La Venta muestran que los estilos de las obras de arte de la ciudad se transformaron gradualmente, pasando de esculturas de bulto entero que se parecían mucho a las de San Lorenzo a esculturas en relieve que empezaron a adoptar un estilo exclusivamente de La Venta.

Se cree que las cabezas colosales encontradas en La Venta fueron creadas en torno a la decadencia de San Lorenzo, lo que puede indicar que hubo una considerable polinización cruzada de estilos artísticos durante este periodo de transición. Otro estilo escultórico que se impuso durante este periodo fue la representación de figuras sentadas en grandes tronos, muchas de las cuales parecían representar a los dirigentes de la ciudad.

Los estilos escultóricos de la ciudad reflejaban en gran medida el sistema de creencias olmecas, ya que en toda la ciudad se encuentran numerosas representaciones de elementos naturales sagrados como montañas y manantiales de agua dulce. Las figuras de una deidad, a menudo representadas como híbridos animal-humano, también se encuentran en toda la ciudad.

Se encontraron siete altares de roca basáltica en toda la ciudad. Los altares 4 y 5 estaban decorados con figuras que podrían representar a una deidad espiritual o a un gobernante de la ciudad. El altar 4 muestra una figura que está dentro de una cueva o la boca de una criatura ficticia. El altar 5 muestra una figura que sostiene a un bebé híbrido humano-jaguar fallecido. Mientras que algunos han afirmado que se trata de un signo de sacrificio de niños olmecas, otros creen que describe una historia de creación de algún tipo.

*El arqueólogo Matthew Stirling posando con el Altar 5 (Crédito: Instituto Smithsoniano)*

Muchos de los detalles de estos altares se han desvanecido debido a siglos de erosión, pero es evidente que todos tienen importantes componentes espirituales. Los estudiosos creen que estos altares eran en realidad tronos en los que se sentaban los líderes de la ciudad durante las ceremonias y los rituales.

## Artefactos

Aunque los estudiosos de Mesoamérica aún no están seguros de las prácticas y creencias religiosas exactas de los olmecas, los artefactos encontrados en La Venta han proporcionado muchas pistas sobre sus creencias espirituales. Se han encontrado muchos símbolos distintos tallados en piedras, objetos o tumbas, que podrían apuntar a símbolos utilizados en la religión olmeca. También se tallaron muchas representaciones de deidades, a menudo con características híbridas humano-animales, por toda la ciudad.

*Un relieve de La Venta. Se trata de la primera representación conocida de una serpiente emplumada; se ha fechado entre el 1400 y el 400 a. C. (Crédito: Audrey y George Delange)*

El jade se consideraba el objeto más codiciado por la élite mesoamericana. No solo era extremadamente difícil encontrar jade en la región, sino que también era muy difícil darle forma de joya. Para fabricar una sola cuenta de jade era necesario que un joyero altamente cualificado pasara muchas horas lijando y dando forma a la roca. Solo en el Complejo A se encontraron más de 3.000 objetos de jade.

Los arqueólogos han encontrado muchos esqueletos cubiertos de cinabrio y enterrados con espejos de obsidiana, que se utilizaban para mostrar el alto estatus en la cultura mesoamericana. El predominio de estos objetos en las tumbas y en otros lugares de sepultura de los puntos neurálgicos de la ciudad muestra la inmensa riqueza de la que llegó a disfrutar la élite de la ciudad. Está claro que en La Venta, la brecha socioeconómica entre la clase dirigente y la clase campesina se había ampliado enormemente, y esta disparidad de riqueza jugó un papel decisivo en las prácticas culturales y religiosas de La Venta.

El legado de La Venta

San Lorenzo y La Venta compartían muchas características, lo que sugiere que muchas influencias y personas pueden haberse trasladado de San Lorenzo a La Venta en la época de la decadencia de la primera ciudad. Ambas ciudades tenían estilos muy similares de esculturas, cerámicas y estructuras, incluyendo las «cabezas colosales». También tuvieron un destino similar, ya que la población de la ciudad comenzó a desplazarse fuera de ella alrededor del año 400 a. C.

Aunque San Lorenzo fue la primera capital de la sociedad mesoamericana avanzada, La Venta fue la primera sociedad mesoamericana verdaderamente urbana. La Venta mostró una complejidad que empequeñecía a cualquier otra ciudad mesoamericana de la época. Tal vez lo más importante es que La Venta ha demostrado ser uno de los sitios más útiles para los arqueólogos que han tratado de entender la cultura olmeca.

A lo largo del período Formativo medio, la ciudad de La Venta actuó como mucho más que un centro de población; actuó como un centro cultural para la región que solidificó las creencias y prácticas culturales de sus pueblos. Durante la edad de oro de La Venta, los enormes proyectos de construcción llevados a cabo en toda la ciudad reflejaron la rápida expansión de la sofisticación de la sociedad mesoamericana. El predominio de los objetos sagrados y de lujo entre la élite de la ciudad, así como el modo en que el sistema de creencias olmecas estaba arraigado en el paisaje de la ciudad, muestra un enorme contraste con las pequeñas aldeas de cazadores-recolectores que componían la región solo unos siglos antes.

A finales del Formativo medio, estaba claro que la sociedad mesoamericana estaba cambiando rápidamente hacia una civilización cada vez más urbana e interconectada que giraba en torno a prácticas culturales y creencias distintivas. Sin embargo, pronto quedaría claro que la civilización olmeca no sobreviviría completamente intacta al rápido cambio del clima cultural de Mesoamérica.

Aunque los arqueólogos siguen teniendo un gran conflicto sobre muchas partes de las prácticas culturales, la espiritualidad y la vida cotidiana de los olmecas, La Venta ha arrojado luz sobre muchos aspectos del cambiante paisaje mesoamericano a lo largo del período Formativo medio. Si bien la ciudad experimentaría un misterioso declive similar al de San Lorenzo, seguiría siendo para siempre el sitio arqueológico central de la cultura olmeca y quizás la última gran ciudad del pueblo olmeca.

# Capítulo 3: La decadencia olmeca y los epiolmecas

Entre el 400 y el 350 a. C., la población olmeca de las ciudades de la costa del golfo disminuyó drásticamente. Los estudiosos aún no han llegado a un consenso sobre el motivo del colapso de la civilización olmeca. Muchos creen que fue causado por factores ambientales cambiantes, que podrían haber destruido los medios de subsistencia de las comunidades olmecas, que dependían totalmente del rendimiento de los cultivos.

Un cambio en el flujo de los sistemas fluviales de la región pudo haber interrumpido tanto las operaciones agrícolas como el comercio en la región. El cambio del caudal de los ríos puede haberse producido de forma natural o por sus prácticas agrícolas, que podrían haber enturbiado los ríos. Otros expertos creen que la despoblación de la región fue causada por la actividad volcánica.

Alrededor del año 400 a. C., mientras la sociedad olmeca declinaba en la región, la cultura epiolmeca comenzó a crecer en la región occidental del corazón olmeca. Aunque muchos de los rasgos culturales olmecas se perdieron con el auge de la cultura epiolmeca, la mayoría de los estudiosos coinciden en que se trató de una transformación de la cultura olmeca y no de una ruptura directa con ella.

*Importantes yacimientos epiolmecas (Crédito: Madman2001)*

El período Formativo tardío que caracterizó el surgimiento de los epiolmecas vio un gran declive en el comercio y el intercambio entre las sociedades mesoamericanas. El arte epiolmeca también era muy inferior al arte olmeca de La Venta y San Lorenzo. Las esculturas encontradas en asentamientos epiolmecas como Tres Zapotes tenían mucho menos detalle y profundidad que el arte olmeca tradicional, lo que sugiere que la artesanía adquirió un papel mucho menos importante en su sociedad.

Mientras que gran parte del gran arte olmeca de los predecesores de los epiolmecas se centraba en representar a sus gobernantes, los artistas de los epiolmecas centraron gran parte de su trabajo en plasmar acontecimientos históricos. Durante este periodo, las obras de arte y las inscripciones encontradas en los yacimientos epiolmecas empezaron a mostrar cada vez más una fecha al lado, lo que era prácticamente inédito para sus predecesores.

Estas inscripciones utilizaban en gran medida la escritura ístmica, el sistema de escritura más antiguo de Mesoamérica, que se remonta al 500 a. C. La escritura tiene muchas características de la escritura maya que se utilizaría siglos después. Se cree que la escritura se originó en el istmo de Tehuantepec y llegó a las ciudades olmecas a través de la difusión cultural y las redes de comercio de la costa del golfo.

### Tres Zapotes

La ciudad más grande de los epiolmecas, Tres Zapotes, estaba situada en la parte occidental del corazón olmeca, en la actual Veracruz, en la parte occidental de la sierra de Los Tuxtlas. La ciudad se pobló hacia el año 900 a. C., en la época del ocaso de San Lorenzo, y alcanzó su máximo poder durante el siglo V a. C. La ciudad estuvo habitada hasta bien pasado el siglo IV, pero fue perdiendo su poder en la región.

La ubicación de Tres Zapotes era un lugar privilegiado para una próspera ciudad olmeca, ya que estaba rodeada de una variedad de ecosistemas y recursos. Los bosques cercanos de las tierras altas y los pantanos de las tierras bajas demostraron ser un gran terreno de caza, a la vez que proporcionaban a la ciudad muchos recursos naturales como la madera. La cadena montañosa cercana también dio a la ciudad acceso a la piedra de basalto que podía utilizarse para erigir monumentos.

Tres Zapotes también se benefició en gran medida del río Hueyapan, que pasaba directamente por la ciudad. Durante la época dorada de los olmecas, la ciudad fue uno de los grandes centros de comercio para los olmecas de la costa del golfo, y hay pruebas respecto a que la ciudad comerciaba con otras civilizaciones desde el norte de Guatemala hasta el centro de México. Sin embargo, la proliferación del comercio en la región declinaría bruscamente durante la era epiolmeca.

A partir del 400 a. C., la ciudad inició un periodo de transición de la cultura tradicional olmeca a la epiolmeca. Mientras que los logros arquitectónicos y artísticos de la ciudad empequeñecían a los de San Lorenzo y La Venta, los epiolmecas consiguieron grandes logros en el calendario mesoamericano y en el sistema de escritura, que cada vez era más sofisticado.

A diferencia de las rutas comerciales bien conectadas de La Venta y San Lorenzo, Tres Zapotes no fue un eje central de las redes comerciales mesoamericanas durante la época epiolmeca. Algunos expertos creen que el declive del comercio olmeca fue causado por la planta del cacao, ya que muchas rutas comerciales fueron desviadas hacia los comerciantes mayas de cacao. Los epiolmecas también comerciaban mucho menos con artículos de lujo de la élite, como el jade y la obsidiana, lo que indica que la riqueza material de la élite de las ciudades disminuyó en gran medida, o que los epiolmecas se vieron obligados a cambiar su enfoque del comercio de la región al sustento y la supervivencia.

Estructuras

Se han encontrado más de 150 estructuras en todo el sitio arqueológico de Tres Zapotes, la mayoría de las cuales fueron construidas en algún momento entre el 400 a. C. y el 200 d. C. Mientras que las ciudades olmecas solían tener una plaza central o un patio en el centro de la ciudad, la disposición de Tres Zapotes era mucho más dispersa. Muchas de las estructuras más famosas del sitio se encontraron bastante fuera del centro de la ciudad.

Las viviendas de la élite gobernante también estaban descentralizadas, con varias áreas reales repartidas por el sitio. Esto puede indicar que el sistema estaba gobernado por varias familias o facciones diferentes en lugar de un solo órgano de gobierno.

En los alrededores de las ruinas de la ciudad se han encontrado dos cabezas gigantes colosales, aunque son mucho más pequeñas que las encontradas en San Lorenzo y La Venta. Las esculturas encontradas en el yacimiento arqueológico de la ciudad ponen de manifiesto esta transformación, ya que las representaciones religiosas tradicionales se convirtieron gradualmente en representaciones históricas más seculares.

*Monumento A de Tres Zapotes. Mide un metro y medio de alto y un metro y medio de ancho. Pesa cerca de ocho toneladas (Crédito: HJPD)*

La estela C, una de las estructuras más famosas de Tres Zapotes, incluye una inscripción de uno de los poderosos gobernantes de la ciudad representado como una figura parecida a un jaguar. Pero lo más importante es que la estela incluye una fecha del calendario de cuenta larga. Aunque el calendario se había ido desarrollando gradualmente en todo el territorio olmeca, Tres Zapotes fue una de las primeras ciudades en las que se inscribió una fecha en la arquitectura. Este calendario pronto se convertiría en una parte central de la vida mesoamericana y en uno de los rasgos definitorios de la civilización maya.

A mediados del siglo III d. C., los asentamientos circundantes de Cerro de las Mesas y Remojadas sustituyeron a Tres Zapotes como ciudades dominantes de la región. A diferencia de las dos ciudades anteriores, Tres Zapotes no vio un despoblamiento repentino de sus habitantes. La ciudad permanecería poblada hasta el año 900 d. C., pero dejaría gradualmente sus influencias olmecas en su transición a la cultura clásica veracruzana.

El legado de los olmecas

Aunque el comercio ya era una parte integral de la sociedad mesoamericana antes del surgimiento de los olmecas, estos fueron los primeros mercaderes de la región en viajar regularmente a través de largas distancias para comerciar con otras ciudades y civilizaciones. Estas rutas comerciales aportaron una gran prosperidad económica a las ciudades de la costa del golfo, como San Lorenzo y La Venta, pero lo más importante es que difundieron las influencias culturales olmecas por toda América Central. Estos comerciantes también llevaron a las ciudades olmecas ideas culturales de otras civilizaciones y poblaciones. El predominio del comercio olmeca en la región hizo que Mesoamérica estuviera más estrechamente conectada y contribuyó a una gran difusión cultural entre las poblaciones.

Muchas de las creencias religiosas de civilizaciones posteriores, como los aztecas y los mayas, proceden del panteón olmeca, y muchos de ellos adoran a los mismos dioses que los olmecas siglos antes. Las figuras de humanos y jaguares que se encontraban en las ciudades olmecas se convertirían en una parte central de la religión mesoamericana posterior. Las tumbas y estructuras de muchas ciudades del maya Clásico representaban a sus gobernantes divinos como figuras de jaguar que se asemejan mucho a las representaciones olmecas.

Los artistas, artesanos y arquitectos olmecas realizaron quizás los logros más impresionantes de la sociedad mesoamericana temprana. Las colosales e intrincadas estructuras que se encontraban en las ciudades olmecas empequeñecían todo lo que se había construido antes en Centroamérica. Aunque algunos diseños, como las cabezas colosales, quedarían en el pasado, las civilizaciones que vinieron después de los olmecas utilizaron ciudades como San Lorenzo como ejemplo de lo que debía ser un centro urbano poderoso.

A los olmecas se les atribuye la creación del primer sistema de escritura solidificado de Mesoamérica. También hicieron grandes progresos en la creación de un sistema calendárico preciso y en la cartografía del sistema solar. Estas tres innovaciones olmecas serían perfeccionadas y ampliadas gradualmente por los mayas.

A principios del siglo V a. C., los epiolmecas surgieron como una civilización de transición, ampliando las innovaciones y los fundamentos de sus predecesores y dejando en el pasado otras ideas culturales anticuadas. La civilización zapoteca, al sur, en la costa del Pacífico, la gran ciudad de Teotihuacán, en el valle de México, y la civilización maya del Yucatán, al este, pronto se convertirían en los pueblos dominantes de Mesoamérica.

Mientras que los olmecas se desvanecerían gradualmente en el fondo distante del orden político de la región, estas civilizaciones construirían continuamente sobre lo que creó la primera civilización avanzada de Mesoamérica.

# Capítulo 4: La era maya Preclásica

Mientras la sociedad olmeca de la costa del golfo se transformaba gradualmente en la cultura clásica veracruzana, al este, los pequeños asentamientos de la península de Yucatán eran cada vez más grandes. Aunque estas pequeñas ciudades tenían muchas características de los olmecas, comenzaron a desarrollar muchas características culturales propias. A medida que las ciudades olmecas del golfo iban decayendo poco a poco, los mayas de Yucatán se iban convirtiendo en la mayor civilización de Centroamérica.

El periodo Preclásico maya incluye el establecimiento de asentamientos permanentes alrededor del inicio del primer milenio a. C. hasta el periodo clásico, alrededor del año 250 d. C. El periodo preclásico se divide en Preclásico temprano (antes del 1000 a. C.), Preclásico medio (1000-400 a. C.) y Preclásico tardío (400 a. C.-250 d. C.). Las mayores ciudades del Preclásico fueron El Mirador, Cival, San Bartolo, Seibal, Nakbe y Uaxactun.

En las décadas previas al inicio del periodo Clásico, en el año 250 d. C., se produjo un «colapso Preclásico», cuando muchas de las ciudades que florecieron durante el periodo Preclásico se despoblaron rápidamente. Esto crearía una dispersión masiva de sus poblaciones, que se trasladaron a otras ciudades que se convertirían en los grandes centros urbanos del periodo Clásico.

### La península de Yucatán

Durante la edad de oro olmeca, los asentamientos mayas se fueron haciendo cada vez más complejos en toda la península de Yucatán, que acabaría convirtiéndose en el corazón maya. La península se compone en gran parte de llanuras de tierras bajas con una densa selva tropical que tiene muy pocas regiones accidentadas o montañosas.

Las regiones más septentrionales de la península reciben muchas menos precipitaciones que las demás regiones, lo que hace que las ciudades del norte sean especialmente susceptibles a la sequía. El suelo de las regiones del norte y del noroeste, en la llanura costera, es en gran parte de piedra caliza, y esta región de la península tiene una plétora de sistemas de cuevas naturales de piedra caliza creadas por la erosión de las lluvias. La región también es conocida por sus enormes sumideros, que se crean cuando estos sistemas de cuevas se derrumban.

La región noreste es conocida sobre todo por sus vastas llanuras pantanosas, que servían de gran frontera defensiva entre otras regiones de la península. La llanura costera del norte tenía muy pocos sistemas fluviales, y la mayoría de los ríos de la península se encontraban en las tierras bajas y altas del sur.

La cuenca del Petén, situada en las tierras bajas centrales, se caracteriza por una gran variedad de rasgos topográficos, como densos bosques tropicales, pantanos y lagos. La precipitación anual en toda la península es de 43 pulgadas, con la estación húmeda de junio a septiembre y la estación seca de octubre a mayo. La región del Petén recibe la mayor cantidad de lluvia de la península, lo que contribuyó a que se convirtiera en la región dominante para las grandes ciudades del periodo Clásico.

El Preclásico temprano

Se ha demostrado que la agricultura existía en las tierras bajas mayas desde el año 3.000 a. C. Lo más probable es que se tratara de poblaciones nómadas o poco pobladas que fueron creando aldeas permanentes. La caza y la recolección eran la principal fuente de sustento de los mayas del Preclásico, aunque el cultivo del maíz se convirtió cada vez más en la fuente de alimentación dominante.

Durante este periodo se empezó a crear cerámica, con muchos estilos tomados de los olmecas y otras culturas mesoamericanas vecinas. Los mayas del Preclásico temprano mantuvieron una estrecha relación comercial con los olmecas, y se produjo una inmensa difusión cultural entre ambas culturas.

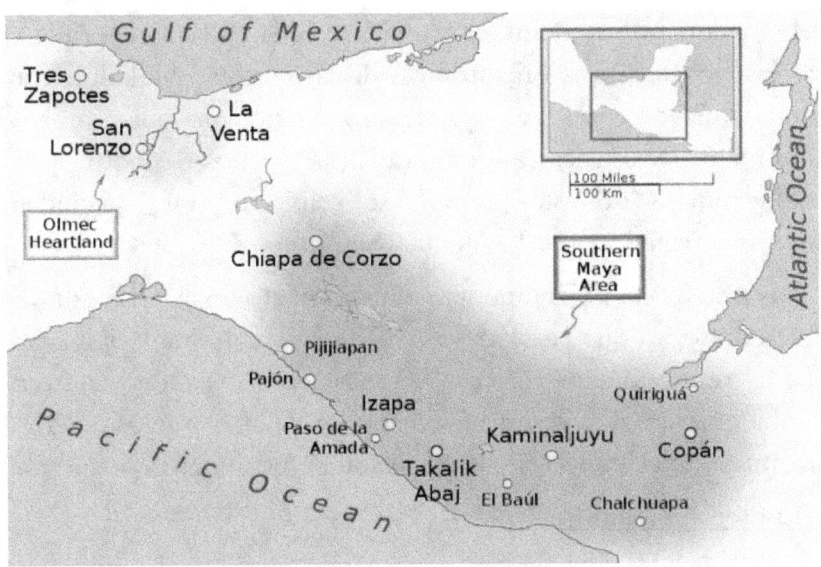

*Un mapa de las principales ciudades mayas del sur (Crédito: Lumen Learning)*

El Preclásico medio

A principios del primer milenio a. C., la ciudad de Aguada Fénix era un próspero centro urbano en Tabasco. La construcción de Aguada Fénix marcó el inicio de los asentamientos agrarios permanentes del pueblo maya. Hasta la construcción de la ciudad, los mayas de la región eran en gran medida nómadas y no producían una cantidad significativa de cerámica.

El registro arqueológico señala este momento de la historia maya como una época en la que se produjo con más frecuencia cerámica maya distintiva y los asentamientos se hicieron más grandes y más poblados. Este periodo de transformación marcó el inicio de las ciudades-estado mayas que pronto dominarían la región.

El comercio entre diferentes regiones y asentamientos se hizo más frecuente, y el intercambio de artículos de lujo, como el jade y los artefactos de obsidiana, aumentó enormemente. Los proyectos de infraestructura, como los canales y los sistemas de riego, también se hicieron más grandes y complejos.

Los pequeños asentamientos del Preclásico adoptaron cada vez más las características organizativas de las grandes ciudades, como tener grandes plazas en su centro y una amplia gama de monumentos y estructuras ceremoniales. Muchos de los proyectos arquitectónicos de este periodo se inspiraron en las ciudades olmecas cercanas, como La Venta y San Lorenzo.

Las pruebas también apuntan a un aumento de la guerra durante este periodo, ya que las armas mayas mejoraron mucho y los reyes fueron representados cada vez más como figuras guerreras. También se han descubierto fosas comunes datadas en este periodo que muestran evidencias de la ejecución de prisioneros de guerra.

El Preclásico tardío

En el Preclásico tardío, la ciudad de Kaminaljuyú controlaba gran parte de las tierras altas mayas, mientras que la ciudad de El Mirador controlaba las tierras bajas. Existen pruebas que los mayas de las tierras altas empezaron a expandirse hacia el norte, hacia las tierras bajas del sur y del centro durante este periodo, donde pronto surgirían las grandes ciudades del periodo Clásico.

Muchas de las prácticas culturales y creencias olmecas inspiraron a los mayas, mientras sus propias prácticas culturales distintivas se volvían cada vez más complejas. A lo largo del Preclásico y hasta el Clásico, el pueblo maya comenzó a crear una civilización que cada vez tenía más características propias que se separaban de las tradiciones olmecas del golfo y empezaban a crear una cultura maya distintiva. En el Preclásico tardío se construyeron las emblemáticas pirámides escalonadas mayas en algunas ciudades, lo que indica que la espiritualidad y la religión se convirtieron cada vez más en una parte integral de la vida urbana.

*Escultura maya del Preclásico tardío encontrada en Kaminaljuyú (Crédito: Wikimedia Commons)*

## La agricultura del Preclásico

A muchos estudiosos les ha desconcertado el tamaño de la población de las ciudades mayas del Preclásico y el Clásico en toda la península de Yucatán. Las ciudades de las tierras bajas estaban situadas en uno de los lugares más improbables del mundo para una civilización agrícola avanzada. La península de Yucatán y sus alrededores estaban llenos de densas selvas tropicales, suelos infértiles, impenetrables tierras pantanosas y graves sequías estacionales.

Al igual que los primeros olmecas, los mayas pasaron gradualmente de pequeños asentamientos de cazadores-recolectores a grandes asentamientos de agricultores centrados en el cultivo del maíz. Aunque el maíz era el principal cultivo de los mayas, los agricultores mayas también cultivaban frijoles, calabazas y muchos otros cultivos.

A pesar de no tener la ventaja de las herramientas metálicas y los animales domesticados que tenían los agricultores contemporáneos de Europa, los mayas eran unos de los agricultores más avanzados de su tiempo. Los mayas utilizaban sobre todo técnicas agrícolas de tala y quema. Este método consistía en talar una zona boscosa determinada y luego quemarla. Los cultivos se plantaban en la tierra cenicienta, rica en nutrientes, de la zona quemada. Después de utilizar esta zona quemada varias veces, se trasladaban a un nuevo terreno para permitir que la zona se regenerara. Este método resultó ser muy eficaz para los mayas, aunque a medida que las ciudades del Clásico crecían, también contribuía a una fuerte deforestación de las tierras bajas.

Los mayas también utilizaron complejas técnicas de irrigación y terrazas aprovechando los numerosos pantanos dispersos por la región de Yucatán. Los ingenieros mayas utilizaron métodos ingeniosos para desviar las fuentes de agua de los pantanos hacia canales para crear tierras de cultivo más fértiles. En las tierras altas y montañosas, a menudo se excavaban terrazas en las laderas de las montañas para cultivar maíz.

El género también desempeñaba un papel importante en la sociedad agrícola maya. Mientras los hombres cuidaban los campos, cazaban y luchaban en las batallas, las mujeres se encargaban de la gestión del hogar y de las tareas domésticas.

En el periodo clásico, la agricultura maya y la gestión del agua se habían vuelto extremadamente eficientes y podían mantener a grandes poblaciones urbanas. El excedente de las cosechas y el crecimiento de la población, que podía fabricar artículos de lujo como la cerámica, hicieron que aumentara el comercio en toda la sociedad maya.

*El Mirador utilizaba un sistema de recogida de agua; arriba se pueden ver los frisos de estuco que lo adornaban (Crédito: Geoff Gallice)*

El Mirador

No hay mejor ejemplo de los ingeniosos métodos utilizados en la agricultura del Preclásico que El Mirador. La ciudad de El Mirador fue la gran ciudad de las tierras bajas mayas durante el Preclásico tardío. Floreció como eje comercial de la región desde el año 300 a. C. hasta el siglo I d. C.

El Mirador estaba rodeado de muchos pantanos húmedos, lo que convirtió a la ciudad en uno de los centros agrícolas más eficientes de la región. Los agricultores llevaban cientos de toneladas de barro de las zonas pantanosas y lo utilizaban para crear terrazas en todas las granjas de la ciudad. El pH del suelo se aumentó añadiéndole cal, lo que permitió que el suelo de la región, carente de nutrientes, pudiera cultivar una gran variedad de productos.

Alrededor del comienzo de la Era Común, El Mirador y muchas otras ciudades vecinas vieron un éxodo masivo de su población como parte del «colapso del Preclásico». Los estudios medioambientales han demostrado que la región que rodea a El Mirador estaba muy deforestada en la época del colapso. Una gran parte del bosque circundante fue talado para producir cal y para otros proyectos arquitectónicos.

Con la ausencia de árboles en la región, gran parte del suelo, carente de nutrientes, dejó de ser retenido por la vegetación natural y fue arrastrado a las tierras pantanosas por las fuertes lluvias. El barro rico en nutrientes de los pantanos, que en su día sirvió de ingrediente secreto para el auge agrícola de la ciudad, fue cubierto por capas de tierra de los alrededores.

<u>Arquitectura preclásica</u>

La cronología de la arquitectura maya muestra la gran progresión de su civilización. Desde sus raíces en comunidades aldeanas de la edad de piedra, en el Preclásico tardío los mayas construyeron algunas de las estructuras más grandes y complejas de Mesoamérica. Los numerosos e impresionantes monumentos y edificios de las ciudades del Clásico de las tierras bajas se construyeron predominantemente con piedra caliza, mientras que en las ciudades de las tierras altas se utilizó sobre todo piedra arenisca y rocas ígneas.

*Una foto de La Danta, un templo situado en El Mirador. Tiene una altura de unos 236 pies y está considerada como una de las mayores pirámides del mundo (Crédito: Dennis Jarvis)*

Aunque al principio los mayas construyeron estructuras por necesidad para mantener a su creciente población, la arquitectura de las tierras bajas empezó a caracterizarse cada vez más por elementos que promovían el orden político y religioso de la ciudad. La arquitectura se decoró cada vez más con jeroglíficos e inscripciones de dioses mayas, acontecimientos históricos y gobernantes poderosos. La clase dirigente utilizó la arquitectura de la ciudad para solidificar su poder divino haciendo de la religión una parte integral de sus ciudades.

A lo largo del periodo Clásico, los gobernantes mayas quedaron inexorablemente vinculados a su arquitectura. El elemento religioso de estas estructuras se hizo eco de la creencia de que estas grandes ciudades fueron construidas por gobernantes divinos que fueron puestos en el trono por los dioses. Se construyeron esculturas, monumentos, inscripciones y templos sagrados que representaban a los gobernantes del pasado, subrayando la divinidad y la importancia histórica de la dinastía gobernante. En los ejemplos en los que los estudiosos creen que la población de las ciudades derrocó a sus gobernantes en una revolución o revuelta, muchas de estas estructuras y monumentos sagrados fueron desfigurados y dañados a propósito.

Aparte de la utilidad política y práctica de estas estructuras, también tenían un gran significado astronómico y religioso. Muchas de las grandes estructuras de los centros urbanos mayas se construían orientadas hacia una dirección cardinal. El norte y el sur representaban los cielos y el inframundo, mientras que el este y el oeste se asociaban con la salida y la puesta del sol.

En el centro de casi todas las ciudades del maya Clásico había grandes plazas, normalmente rodeadas por las pirámides y otras grandes estructuras de la ciudad. Estas plazas servían para que la población se congregara y observara grandes ceremonias. Las diferentes partes de las ciudades estaban conectadas por calzadas, que eran calles anchas hechas de piedra o madera. Estas calles desembocaban en la plaza central y conectaban la ciudad con los asentamientos exteriores con los que se mantenía una relación comercial o política.

Los arquitectos del maya Clásico tomaron prestados muchos estilos arquitectónicos diferentes de toda Mesoamérica. El estilo elegido a menudo reflejaba un sistema de alianzas, una relación comercial o un trasfondo cultural con otra ciudad. Por ejemplo, la gran ciudad maya de Tikal tenía muchos diseños arquitectónicos que reflejaban los estilos de la ciudad de Teotihuacán, en el centro de México. La similitud de la arquitectura refleja la estrecha relación entre las dos ciudades, ya que Teotihuacán conquistó Tikal en el periodo Clásico temprano y mantuvo una fuerte conexión cultural con la ciudad durante todo el apogeo político de Tikal.

Muchas ciudades de las tierras bajas mayas también tenían estilos arquitectónicos que reflejaban la ciudad tolteca de Tullán en el centro de México. Algunas pruebas han demostrado que los toltecas invadieron algunas regiones del corazón maya durante los periodos Clásico terminal y Postclásico. El estilo arquitectónico

Puuc que se observa en ciudades como Chichén Itzá tiene sus raíces en el centro del corazón maya de Yucatán. Utilizaba un estilo geométrico repetitivo que a menudo incluía figuras enmascaradas de los dioses mayas.

*Un ejemplo del estilo Puuc. Este edificio en particular se encuentra en Uxmal (Crédito: Tato Grasso)*

La mayor parte de la población maya vivía en aldeas con tejados de paja y una o dos habitaciones, mientras que la élite real vivía en complejos palaciegos de varias habitaciones. Los complejos de la élite crecieron mucho a lo largo del periodo Clásico y, en el siglo IX, muchos de ellos tenían sus propios patios y suministros de agua.

*Un ejemplo de casa tradicional maya (Crédito: Wikimedia Commons)*

Mientras que la población maya de a pie enterraba a sus familiares fallecidos en pequeñas tumbas cerca de sus casas, la realeza era enterrada en elaboradas tumbas y templos. Las prácticas de sepultura de una figura de élite dependían de lo poderoso que fuera el gobernante. La mayoría de los gobernantes eran enterrados con objetos valiosos y sagrados, como el jade, en tumbas decoradas situadas en una parte de la ciudad dedicada a la conmemoración de la élite fallecida. Los gobernantes más poderosos tenían templos y pirámides enteras dedicadas a ellos, y muchas de ellas incluían una representación visual del gobernante, su nombre y la hora de su muerte.

Las grandes pirámides escalonadas se consideran hoy en día el símbolo icónico del maya Clásico. Estas pirámides estaban dedicadas en gran parte a los gobernantes fallecidos, y en la cima de las escaleras se llevaban a cabo muchos rituales en honor a los dioses.

Muchas de las grandes estructuras construidas por los mayas, incluidas las pirámides escalonadas, se construían y reconstruían continuamente. Cuando una estructura empezaba a quedar obsoleta, se construía una nueva estructura en el exterior de la misma. Esto permitía a los gobernantes mayas construir edificios aparentemente nuevos que poseían los sólidos cimientos de la estructura anterior.

Los mayas del Clásico también construyeron algunos de los primeros sistemas avanzados de gestión del agua del mundo, con enormes depósitos que recogían el agua de lluvia para sus ciudades. Como la región estaba constantemente bajo la amenaza de las sequías estacionales y tenía muy pocas fuentes ribereñas, las poblaciones mayas del Clásico llegaron a depender en gran medida de estos embalses urbanos.

Los mayas urbanos erigieron miles de «estelas», losas de roca en las que a menudo se inscribían acontecimientos históricos, representaciones religiosas o retratos de gobernantes. Muchas de las estelas incluían fechas de los calendarios mayas, que han ayudado mucho a los arqueólogos a crear una línea de tiempo para la historia maya.

## Colapso del Preclásico

El colapso del Preclásico se produjo alrededor del año 100 d. C., y los estudiosos aún no han llegado a un consenso sobre las causas de la rápida despoblación de las ciudades del Preclásico. Las pruebas científicas apuntan a una serie de sequías que envolvieron la región durante este periodo, lo que puede haber provocado un suministro de agua inadecuado para la creciente población urbana. También existen pruebas sobre muchas de las ciudades del Preclásico habían sido fuertemente deforestadas en el primer milenio d. C., y sus suministros de agua habían sido fuertemente contaminados por la escorrentía urbana.

Sean cuales sean las causas, este colapso de las ciudades del Preclásico preparó el terreno para el auge de la población en las tierras bajas del sur y del centro que caracterizaría el periodo Clásico.

A medida que las poblaciones de las ciudades preclásicas como El Mirador se derrumbaban, las ideas y la cultura se dispersaron por toda la península de Yucatán. Esta dispersión de los mayas por todo Yucatán creó una inmensa difusión cultural, ya que los mayas comenzaron a asentarse en los pueblos que pronto se convertirían en las mayores ciudades de Mesoamérica.

# SEGUNDA PARTE: LA ÉPOCA MAYA CLÁSICA (250-900 d. C.)

# Capítulo 5: La sociedad maya Clásica

El periodo Clásico de la civilización maya fue el apogeo de los logros culturales, científicos y políticos de los mayas. Las ciudades de Tikal, Calakmul, Palenque y Copán se convirtieron en las grandes ciudades de la civilización maya. Durante este periodo, los mayores monumentos y templos que definen la civilización actual fueron construidos por gobernantes divinos que gobernaban grandes imperios políticos regionales. Los gobernantes del periodo Clásico asumieron un liderazgo secular y un papel espiritual que los proclamaba como figuras divinas ordenadas por los dioses.

El periodo Clásico se divide en tres periodos distintos: Durante el Clásico temprano (250-550), los centros urbanos de las tierras bajas del sur y del centro se convirtieron en las ciudades dominantes de la civilización maya. En el Clásico tardío (550-830) estas ciudades alcanzaron su máximo nivel de población, arquitectura y poder político. En este periodo se produjeron constantes guerras en las tierras bajas, ya que se produjo una lucha de poder entre las grandes ciudades y sus alianzas. El Clásico terminal (830-950) fue la época del «colapso del maya Clásico», cuando estas ciudades fueron rápidamente abandonadas por sus habitantes, para no volver a ser densamente pobladas.

### Sistema político de los mayas clásicos

A diferencia de la civilización azteca, que tenía un gobierno centralizado en su capital de Teotochtitcal, las ciudades de la civilización maya actuaban como estados independientes que actuaban de forma autónoma. Se formaron vastos sistemas de alianzas en todo el territorio maya que vinculaban a estas ciudades con lazos culturales, alianzas militares o socios comerciales.

Las ciudades más poderosas también tenían bajo su control ciudades vasallas más pequeñas, que solían pagar tributos a la ciudad más grande a cambio de protección militar y acceso a las redes comerciales. Dentro de las ciudades del periodo Clásico, los sistemas políticos urbanos mayas giraban en torno a gobernantes hereditarios que creían que los dioses los elegían para gobernar sus poblaciones.

Los mayas del Clásico tenían cuatro niveles socioeconómicos. Los reyes y la alta realeza de las ciudades más grandes, como Tikal y Calakmul, eran considerados la clase más alta de la sociedad maya. Luego estaban los líderes de los estados vasallos más pequeños, que eran considerados aliados militares cercanos y socios comerciales de la ciudad más grande. A continuación estaban los asentamientos de las aldeas, gobernados por la nobleza regional. Por último, las aldeas situadas en la periferia de la sociedad urbana maya, que se dedicaban exclusivamente a la agricultura o a algún otro tipo de producción de bienes a pequeña escala.

Los reyes poderosos en las ciudades mayas no se hicieron comunes hasta alrededor del siglo IV d. C., cuando se empezaron a erigir grandes estelas en todas las zonas urbanas que conmemoraban a la realeza de la ciudad. La realeza se consideraba a medio camino entre los humanos y los dioses, y creía que tenía el deber sagrado de actuar como intermediario entre ambos.

Existen ejemplos de reinas que gobernaban ciudades, pero esto solo solía ocurrir cuando no había un heredero masculino adecuado para el trono. Los jóvenes de las familias reales que estaban destinados al trono solían ser líderes militares y dirigían campañas contra ciudades-estado enemigas.

Se esperaba que los reyes estuvieran en el campo de batalla y dirigieran personalmente a sus tropas. La captura de la realeza enemiga era una de las partes más importantes de la guerra maya. Los reyes o nobles capturados no siempre eran ejecutados, pero muchos eran sacrificados en grandes ceremonias rituales.

Los enormes y fastuosos palacios donde residían las familias reales eran una parte ineludible de los centros urbanos del maya Clásico. Estos palacios solían construirse en la plaza central de la ciudad, cerca de los grandes templos y otras grandes estructuras.

A lo largo del periodo Clásico, la realeza de las ciudades mayas vivió cada vez más lujosamente. Los pequeños y modestos palacios del Clásico temprano acabaron convirtiéndose en elaborados complejos en el Clásico terminal. Muchos estudiosos han apuntado a la revolución o al derrocamiento de la clase real debido a la creciente desigualdad de ingresos como posible razón del colapso de las ciudades del Clásico. Tendría sentido que una población que se encontraba cada vez más en una situación desesperada se resintiera contra una clase dirigente divina que vivía tan extravagantemente ante sus ojos en el centro de su ciudad.

<u>Religión</u>

Es imposible visitar las ruinas de las ciudades del maya Clásico hoy en día sin notar la evidencia de un complejo sistema de creencias espirituales. Los dioses de los mayas desempeñaban un papel integral en toda su sociedad, desde la agricultura hasta el gobierno divino de los reyes. La espiritualidad de los mayas giraba en torno a la creencia de que el mundo entero estaba envuelto por «k'uh», que se traduce como «sagrado».

Los sacerdotes mayas se encargaban de supervisar el orden religioso de su sociedad. Esto implicaba realizar ceremonias y observar el cielo para descifrar la «voluntad de los dioses».

Algunos mayas daban al sol y a la luna caracteres distintos, siendo el sol una figura masculina y la luna femenina. Creían que los dioses habían colocado el sol y la luna en la tierra, pero que habían sido llevados a los cielos como castigo debido a la infidelidad de la luna femenina.

La muerte era una parte importante de la religión maya, especialmente para los gobernantes. Se dedicaban secciones enteras de las ciudades a enterrar y conmemorar a los gobernantes fallecidos. Los mayas creían que el alma viajaba a los infiernos después de la muerte, que a menudo se representa como un lugar oscuro gobernado por dioses parecidos a los jaguares.

Los mayas creían que el tiempo funcionaba de forma cíclica en lugar de lineal. Creían que habían existido diferentes mundos antes que ellos, y que muchos otros existirían después. Creían que su mundo llegaría a un final abrupto un día, y los dioses crearían un nuevo mundo.

Aunque la práctica de los sacrificios humanos es ciertamente exagerada en los medios de comunicación populares que describen a los mayas, se practicaba ampliamente en las ciudades del Clásico. El derramamiento de sangre humana se consideraba una ofrenda divina y necesaria para los dioses. Los prisioneros de guerra y los gobernantes de las ciudades rivales eran los pueblos más sacrificados.

La creación del universo es uno de los componentes más importantes de la religión maya. Al principio, el cielo y la tierra estaban unidos entre sí, y no había espacio para que existiera vida alguna en el planeta. Los dioses plantaron un gran árbol en la tierra para elevar el cielo y crear espacio para la existencia de la vida. Mientras el árbol crecía, sus raíces se extendían hasta las profundidades del inframundo, y sus ramas llegaban hasta el mundo superior. Los animales y la vegetación comenzaron a habitar la Tierra, pero los dioses se disgustaron porque no había seres avanzados que pudieran utilizar la comunicación verbal para alabarlos, así que crearon a los humanos.

La historia de la creación maya

Los mayas creían que vivían en la tercera creación cíclica del universo y que las dos anteriores habían sido destruidas. Creían que la suya también acabaría siendo destruida por los dioses.

En la primera creación del universo, las personas estaban hechas completamente de barro, lo que significaba que no podían moverse ni pensar de forma crítica. Los dioses se disgustaron con los seres de barro y destruyeron el mundo con inundaciones de agua hirviendo. Los dioses entonces hicieron a los humanos de madera. Aunque eran mucho más productivos y avanzados que la gente del barro, no tenían alma y no alababan a sus dioses. Al igual que la población anterior, los dioses los destruyeron con agua. Se cree que los seres que de alguna manera fueron capaces de sobrevivir a estos dos universos eran monos.

Los humanos modernos fueron creados en la tercera creación, cuando los dioses decidieron hacer los seres con masa hecha de maíz y la sangre de los dioses. Los dioses consideraron que los cuatro seres que crearon eran demasiado inteligentes y temieron que los derrocaran y tomaran el control del universo. Los dioses decidieron difuminar sus mentes para que fueran menos divinos e inteligentes.

La destrucción del universo se produjo cuando los seres dejaron de adorar a sus dioses. Esto hizo que los mayas tuvieran que hacer del culto religioso un componente central de la sociedad de forma continua y enfática.

Panteón y mitología

El panteón maya está compuesto por una larga lista de deidades divinas que cubren casi todos los componentes de la vida del pueblo maya. Aunque muchas de las deidades eran parte universal de las creencias religiosas de todo el pueblo maya, el panteón podía cambiar significativamente según la región. Como se ve a continuación, muchos de estos dioses tenían características similares. La dependencia de los mayas a la lluvia y la agricultura para su supervivencia hizo que el sol, la lluvia y los símbolos meteorológicos, como el rayo, fueran temas recurrentes en el panteón.

Itzamná es considerado el principal creador del universo y a menudo es representado como una iguana o una figura anciana. También era el dios de la sabiduría, la escritura y el conocimiento. Además se le consideraba uno de los dioses del sol más importantes. Su esposa, Chebel Yax, también es representada a menudo como una figura parecida a una iguana. Ambas figuras están consideradas como dos de las deidades de mayor rango del panteón maya.

*Una representación de Itzamná (Crédito: Francis Robicsek)*

A Huracán, la deidad del viento y del cielo, también se le atribuye ser uno de los creadores del universo para los mayas de las tierras altas. Se le representa como un dios con una sola pierna que a menudo sostiene un rayo.

K'inich Ajaw era uno de los dioses solares más poderosos de la religión. Los dioses del sol se consideraban unos de los más poderosos y sagrados debido a la dependencia de los mayas a la agricultura y el agua dulce: si había poco sol, las cosechas no crecían, y si había demasiado sol se producían graves sequías que devastarían la región. Cada día, nacía en el este cuando salía el sol y envejecía a lo largo del día hasta que el sol se ponía en el oeste. Cuando el sol desaparecía más allá del horizonte, se convertía en una figura parecida a un jaguar y se convertía en un guerrero del inframundo

Hun H'unahpu se considera la más importante de las deidades, ya que era el dios del maíz, el alimento central de Mesoamérica. La mayoría de las veces se le representaba como un hombre joven con el pelo largo. El segundo dios más importante era Chak, el dios de la lluvia. Chak se representa a menudo como un híbrido de hombre y reptil. Los mayas creían que tanto Chak como Hun H'unahpu necesitaban sangre humana.

K'awiil es descrito a menudo como el dios de la realeza y del rayo, y se le representa con un rayo en la mano. Ah Puch, también llamado Kisim, es el dios de la muerte y se le suele representar como una figura esquelética en descomposición. A menudo se le representa sosteniendo un búho, que se consideraba un mensajero intermediario entre la Tierra y el inframundo.

Akan es otro dios de la muerte que se asocia específicamente con la bebida y la enfermedad. A menudo se le representa vomitando y sosteniendo vino, y en algunas representaciones se corta la cabeza. Ix Chel es el dios del arco iris, a menudo representado con un tocado de serpientes. Representa la feminidad, junto con el parto y la fertilidad, y a menudo se la representa con imágenes de la luna.

La ceiba, una especie de árbol tropical originario de América Central, era sagrada para los mayas. En las inscripciones mayas se cita a menudo la ceiba como el árbol de la historia de la creación que los dioses plantaron para separar la Tierra de los cielos. Su papel esencial en la historia de la creación lo convirtió en el símbolo del universo para los mayas. Las inscripciones del árbol describen sus raíces descendiendo hacia el inframundo, mientras que su gran tronco representaba la existencia de la Tierra en el mundo medio, y sus ramas llegaban hasta el mundo superior. Existen representaciones del árbol en los códices y en muchas inscripciones y murales encontrados en las ciudades mayas del Clásico.

*Ejemplo de un árbol de ceiba; esta foto fue tomada en Chiapas, México (Crédito: Alejandro Linares García)*

Los puntos cardinales eran importantes para los mayas, especialmente el este y el oeste, debido a la salida y puesta del sol. Cada dirección tenía un color diferente: el norte era blanco, el este era rojo, el sur era amarillo y el oeste era negro. A los dioses particulares se les asignaban estas direcciones, y muchos templos, tumbas y santuarios se construían perfectamente orientados hacia una dirección cardinal debido a su significado espiritual.

Los mayas creían que el universo existía en tres niveles. El mundo medio es la Tierra, mientras que los dioses habitan el mundo superior y el inframundo. El mundo superior contenía trece niveles, mientras que el inframundo estaba compuesto por nueve niveles.

El inframundo, llamado «Xibalbá» por los k'iche de las tierras altas y «Mitnal» por los yucatecos, era importante para el sistema de creencias maya. El inframundo estaba gobernado por una serie de dioses aterradores y sedientos de sangre que ascendían periódicamente a la tierra para traer la muerte y la destrucción a la humanidad. Las almas entraban en el inframundo a través de una caverna subterránea llena de agua o a través del cielo y se encontraban con un paisaje infernal de escenas y criaturas espantosas.

Astronomía

Es imposible hablar de las creencias religiosas de los mayas sin mencionar su relación con la astronomía. Los mayas eran unos de los astrónomos más avanzados del mundo y eran capaces de contar con precisión el año solar exacto de la región.

Los mayas utilizaban altísimos observatorios y templos para teorizar sobre el sistema solar, que utilizaban para la programación secular de la producción agrícola y el almacenamiento de agua. Sin embargo, el estudio de la astronomía iba mucho más allá de la programación pragmática y el control del tiempo. La astronomía también desempeñaba un papel importante en las creencias espirituales y religiosas de los mayas.

*El observatorio de Chichén Itzá, conocido como Caracol (Crédito: Wikimedia Commons)*

Creían que al observar el cielo nocturno, sus dioses les mostraban mensajes y revelaciones. Los mayas creían que la Tierra estaba situada en el centro del universo y que los planetas y las estrellas de arriba eran dioses que se movían por el reino espiritual.

El sol era uno de los aspectos más importantes de la astronomía maya, y el dios del sol, Kinich Ahau, era una de las deidades más importantes de su religión. Los mayas creían que Kinich Ahau viajaba al inframundo por la noche después de permanecer en el cielo durante todo el día.

La luna también desempeñaba un papel importante en el sistema de creencias mayas. Los mayas creían que la diosa de la luna, Ix Chel, luchaba cada día contra el dios del sol, obligándole a realizar su viaje al inframundo.

La astronomía también desempeñaba un papel en las dinastías gobernantes, ya que muchos murales de los mayas mostraban a los gobernantes con ropas que simbolizaban las estrellas y los planetas.

Los sacerdotes-astrónomos de las ciudades mayas también tenían un enorme poder. Una guerra podía retrasarse hasta que un determinado planeta o estrella se encontrara en el lugar adecuado, o un nuevo gobernante podía entrar en funciones solo durante determinados ciclos celestes.

El planeta Venus desempeñaba un papel especialmente importante en el sistema de creencias mayas. Venus simbolizaba la guerra para los mayas, y los ataques y las conquistas se sincronizaban con la posición del planeta.

Aunque los planetas desempeñaban un papel importante en el sistema de creencias mayas, las estrellas tenían un lugar más práctico en la civilización maya. Las posiciones de las estrellas se utilizaban en gran medida para planificar y programar la producción agrícola.

Muchos monumentos de las ciudades mayas están claramente relacionados con la astrología, y muchos edificios de las ciudades están casi perfectamente alineados con los puntos cardinales. La ciudad de Chichén Itzá tiene uno de los ejemplos más famosos de esta arquitectura astronómica. Durante el equinoccio, el sol ilumina las escaleras de una de las mayores pirámides de la ciudad, dando al espectador la ilusión de una serpiente subiendo por la escalera.

*Una foto tomada durante el equinoccio de primavera de 2009. Se cree que la aparición de la serpiente representa a Kukulkán, la deidad de la serpiente emplumada (Crédito: ATSZ56)*

Rituales y ceremonias

Aunque el sacrificio humano ha sido una característica definitoria de la civilización maya en los medios de comunicación populares, lo más probable es que fuera menos común que estas representaciones. Las personas más sacrificadas eran los prisioneros de guerra y los líderes rivales capturados. El método más común de sacrificio era la decapitación, aunque la extracción del corazón, en gran medida influenciada por los aztecas del centro de México, se había convertido en un método común a finales del periodo Clásico.

El desangrado se practicaba con mucha más frecuencia que los sacrificios humanos letales. Normalmente lo practicaba la nobleza, ya que su sangre se consideraba sagrada. Esta práctica era importante para los mayas porque los dioses derramaban su sangre al crear el universo. El derramamiento de su propia sangre mostraba gratitud y demostraba su lealtad a los dioses por la creación del pueblo maya. El desangrado solía ser practicado por la nobleza, generalmente haciendo incisiones en la lengua o en los genitales con espinas de raya.

Las características topográficas del corazón maya eran una parte sagrada del sistema de creencias mayas. Se celebraban elaboradas ceremonias en las cimas de las montañas, en sistemas de cuevas que se creía que conducían al inframundo, o en sumideros que servían como lugares de sacrificio ritual. Los mayas creían que los dioses les habían dado su tierra, y estos elementos servían como lugares sagrados para conectar con el reino espiritual. Muchos de estos puntos de referencia, sobre todo un gran sumidero en la ciudad de Chichén Itzá, se utilizaban regularmente como lugar de peregrinación. Las poblaciones mayas también contaban con una serie de santuarios regionales dedicados a los santos locales a los que se viajaba con regularidad.

Los sacerdotes eran los líderes de la vida espiritual en la sociedad maya, supervisando las ceremonias, los sacrificios y probablemente la construcción de templos sagrados y otra arquitectura religiosa. Los sacerdotes también tenían un gran conocimiento de otras materias, como la astronomía, la medición del tiempo y las matemáticas. La síntesis de estas materias y las creencias religiosas tradicionales otorgaban a los sacerdotes un enorme poder en el sistema político maya. Los sacerdotes solían decidir la ascensión de los gobernantes al trono o el momento adecuado para ir a la guerra basándose en el ciclo de los planetas o en el significado religioso de las fechas del calendario.

Modificación del cuerpo

La modificación del cuerpo era una parte muy extendida de la cultura maya. Los piercings, los tatuajes y el afilado de dientes se utilizaban a menudo como expresión individualista que mostraba los vínculos culturales de una persona o su estatus político. Estas modificaciones, a menudo insoportables y dolorosas, eran un rito de paso para los jóvenes que aspiraban a ser guerreros o a convertirse en gobernantes.

Una de las más dolorosas era la modificación del cráneo, una práctica cultural probablemente transmitida por los olmecas. Consistía en moldear la cabeza con distintas formas utilizando una serie de dispositivos diferentes, entre los que se encontraban unos soportes especiales que se utilizaban para comprimir el cráneo mientras se estaba acostado y un dispositivo hecho de paletas que el niño podía llevar durante todo el día. La forma más común era la de un cráneo alto con la frente aplanada, que solía crearse sujetando dos paletas a cada lado de la cabeza del niño.

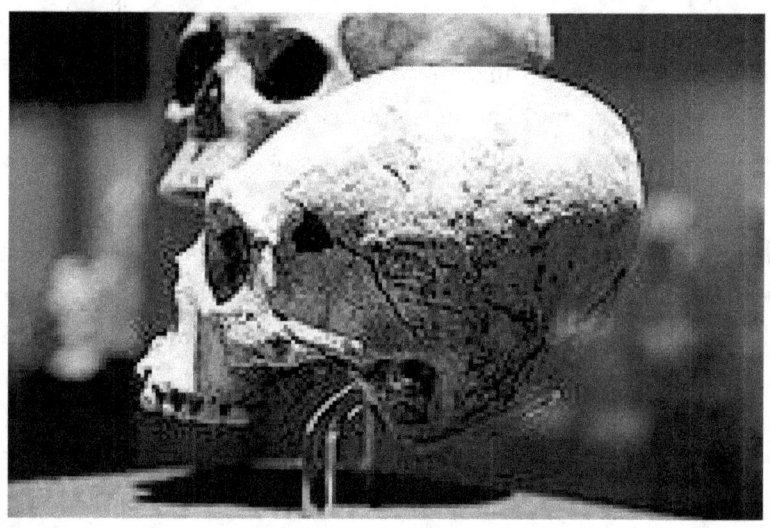

*Un cráneo femenino olmeca deformado (Crédito: Gary Todd)*

Hacia el siglo X, esta práctica se había extendido a toda la población de las ciudades mayas, aunque los ciudadanos pertenecientes a las clases más bajas normalmente tenían modificaciones menos evidentes. En muchas ciudades, los miembros de las familias de la élite se veían obligados a someterse a alguna forma de modificación del cráneo. Este proceso solía comenzar cuando los niños eran pequeños, una época en la que el cráneo aún está en proceso de crecimiento y es más maleable que un cráneo adulto completamente formado.

La modificación dental también se practicaba ampliamente en toda la sociedad maya. Muchos guerreros mayas se afilaban los dientes para intimidar a sus enemigos, mientras que muchas mujeres de la nobleza se hacían incrustar piedras preciosas como el jade en los dientes.

La pintura corporal era una práctica cultural maya importante y se utilizaba especialmente durante las ceremonias. Los sacerdotes solían teñirse de rojo con cinabrio durante las ocasiones religiosas, y las víctimas de los sacrificios solían pintarse antes de derramar su sangre para los dioses. Los tatuajes eran un signo de gran valentía para los hombres mayas, ya que era un proceso extremadamente doloroso. La mayoría de los tatuajes se cortaban en el cuerpo con armas de obsidiana. Los piercings eran comunes entre las poblaciones mayas, ya que las joyas hechas con piedras preciosas eran un indicador de alto estatus o belleza.

<u>Sistema de escritura</u>

Muchos componentes del sistema jeroglífico maya fueron transmitidos por sus predecesores olmecas. Los jeroglíficos e inscripciones mayas se hicieron comunes en todos los asentamientos de Yucatán hacia el año 300 a. C., y a principios del periodo Clásico, el sistema de escritura maya era parte integral de la arquitectura de los centros urbanos de la región. Las estelas, los templos y las tumbas estaban cubiertos de inscripciones con descripciones de acontecimientos históricos, mitología o nombres de gobernantes.

La escritura utilizada por los mayas combinaba símbolos e imágenes que denotaban ciertos objetos o acciones con símbolos que representaban pronunciaciones de la lengua hablada. Aunque no se sabe a ciencia cierta qué porcentaje de la población urbana maya sabía leer y escribir, lo más probable es que la comprensión total del sistema de escritura solo se enseñara a la élite, ya que la lectura y la escritura se consideraban habilidades sagradas otorgadas por los dioses.

## Los códices

Los mayas tomaban notas escrupulosas sobre su historia, sus observaciones astronómicas y su sistema de creencias, pero casi todos estos registros fueron destruidos por los misioneros españoles del siglo XVI. Estos misioneros destruyeron estos registros para borrar tanto la religión nativa de los mayas como su historia precolombina. Cuatro de estos extensos registros históricos, llamados «códices», sobrevivieron a los esfuerzos de evangelización de los misioneros y han sido una herramienta tremendamente útil para entender la civilización maya.

El más importante de estos códices es el Códice Dresde. Se considera uno de los libros más antiguos y mejor conservados escritos por los mesoamericanos, a pesar de los graves daños causados por el agua en el bombardeo aliado de Dresde durante la Segunda Guerra Mundial. El descubrimiento del Códice Dresde mostró a los historiadores y arqueólogos la gran extensión de los conocimientos astronómicos mayas. El Códice Madrid explica muchas de las creencias religiosas de los mayas y muchas partes de la vida cotidiana mesoamericana. El Códice París se ocupa exclusivamente de los rituales y las ceremonias de los mayas. El Códice Grolier, que se encuentra hoy en día en Ciudad de México, es el único códice cuya autenticidad se cuestiona.

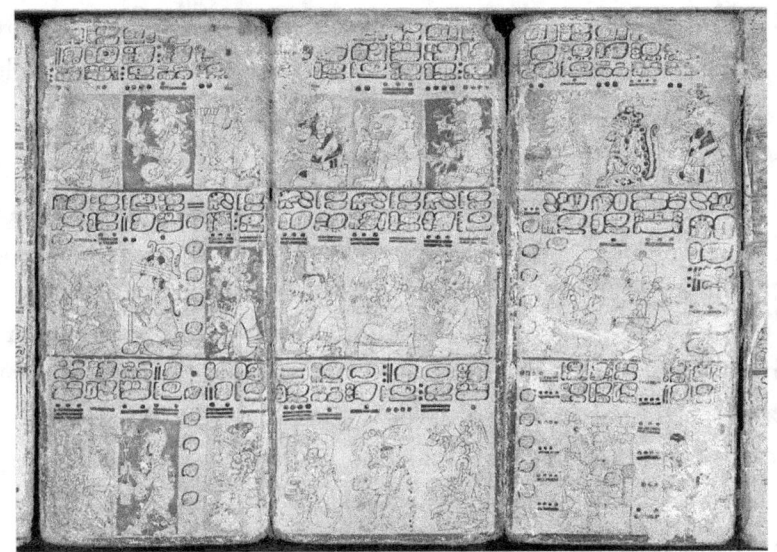

*Páginas del Códice Dresde (Crédito: Wikimedia Commons)*

Popol Vuh y Chilam Balam

El Popol Vuh, que se traduce como «El libro del pueblo» en lengua maya, es uno de los libros más sagrados del pueblo maya. Fue escrito por los mayas k'iche' del altiplano guatemalteco, centrándose principalmente en la religión maya del altiplano. También se detalla el asentamiento de las tierras altas por parte del pueblo k'iche'. El libro se considera tan sagrado porque los sacerdotes españoles destruyeron la mayoría de los textos mayas durante los siglos XVI y XVII.

Un escriba maya escribió el Popol Vuh durante el siglo XVI, y se convirtió en un texto apreciado por el pueblo k'iche' de las tierras altas. Cuando los españoles conquistaron la región, los mayas lograron mantenerlo oculto hasta que un sacerdote español de confianza, muy querido por la población local, pudo verlo. Sabiendo que era un importante artefacto histórico y cultural de los mayas locales, el sacerdote lo tradujo al español.

Junto con la historia de la creación de la religión, que se parece mucho a la de los mayas de las tierras bajas, el Popol Vuh incluye una de las crónicas más importantes de la religión maya: la historia de los Héroes Gemelos.

El Chilam Balam es también uno de los textos sagrados de los mayas. La serie de textos se remonta al siglo XVIII y muestra la amplitud de la cultura, la religión y la vida cotidiana de los mayas de las tierras bajas. El escritor de los textos creó una gran línea de tiempo histórica, describiendo los patrones de migración y las dinastías gobernantes de los mayas de las tierras bajas. En los textos se escribieron muchas adivinanzas, poemas y una colección de profecías realizadas por los sacerdotes mayas.

Danza y música

La música era una parte central de la sociedad maya clásica. Aunque no existen pruebas sobre el uso de instrumentos de cuerda por parte de los mayas, los instrumentos de viento y percusión se utilizaban ampliamente tanto en ocasiones seculares como religiosas. Los instrumentos primitivos, parecidos a las trompetas, estaban hechos de arcilla y madera, y se encontraron muchas flautas en las ciudades mayas. Los tambores y las sonajas eran los principales instrumentos de percusión de la música maya y constituían un elemento doméstico común en muchas regiones.

Las poblaciones mayas utilizaban la música mientras se preparaban para la batalla, realizaban rituales o durante las celebraciones, como las bodas. Muchas tradiciones musicales y de danza han sobrevivido y son interpretadas por muchos pueblos mayas modernos en toda América Central.

Cacao

El cacao era una parte integral de la dieta olmeca y de su comercio, pero los mayas hicieron de este cultivo una parte esencial de su cultura. Junto con el maíz, la planta del cacao se consideraba uno de los cultivos más divinos del corazón maya. Según la religión maya, la planta fue entregada por los dioses al pueblo en la cima de una montaña.

La planta era muy consumida por la élite real, que la mayoría de las veces la consumía en su forma líquida, que probablemente se parecía mucho al «chocolate caliente» moderno. Los granos de cacao también se utilizaban ampliamente como moneda en los sistemas de comercio mesoamericanos. La planta se utilizaba como medicina para muchas enfermedades, y los granos de cacao se enterraban a menudo con los seres queridos para utilizarlos durante su viaje por el inframundo.

Matemáticas

Los matemáticos mayas eran de los más avanzados de toda América. Utilizaban tres símbolos para contar: el número uno se representaba con un pequeño punto, el número cinco con una barra y una concha para representar el cero. El uso del cero es especialmente impresionante, ya que muy pocas civilizaciones del mundo lo utilizaban en su sistema numérico.

Estos números se utilizaban por diversas razones. Las matemáticas básicas eran necesarias para el comercio y el intercambio de bienes. Se utilizaban símbolos porque era muy fácil para las poblaciones mayas utilizarlos en su vida cotidiana. También se utilizaba por razones más importantes, como hacer predicciones basadas en el sistema calendárico.

Calendarios

Los mayas estaban fascinados con el tiempo, y la medición del tiempo era inexorable tanto con sus estudios de astronomía como con sus creencias religiosas.

Los estudiosos creen que el primer calendario de Mesoamérica se remonta al año 1500 a. C., y los mayas lo perfeccionaron cada vez más a lo largo de los periodos Preclásico y Clásico. Los mayas tenían varios calendarios que se utilizaron ampliamente durante el periodo Clásico, siendo el Calendario Redondo y la Cuenta Larga los más destacados.

El Calendario Redondo se utilizaba principalmente para documentar los días sagrados de los rituales y ceremonias religiosas. Este calendario utilizaba un ciclo de 260 días que incluía veinte períodos de trece días. El Haab utilizaba un año solar de 365 días que se dividía en dieciocho meses de veinte días y un mes extra de cinco días. Los mayas inscribían imágenes a cada mes, ya que creían que cada mes del calendario poseía su propia «personalidad».

El calendario de Cuenta Larga, también llamado «ciclo universal», se utilizaba para períodos más largos. Este calendario tenía fuertes vínculos con la religión maya y la creencia de que el mundo era constantemente destruido y reconstruido por los dioses. Cada ciclo de la Cuenta Larga duraba 2.880.000 días, y cada nuevo ciclo suponía un renacimiento completo del universo. Estos ciclos calendáricos coincidían cada 52 años, lo que marcaba el comienzo de un nuevo siglo maya.

El sistema calendárico que crearon los mayas era una parte esencial de su sociedad urbana. El calendario se utilizaba para calcular cuándo plantar las cosechas, cuándo anticiparse a la estación húmeda o seca, y el mejor momento para llevar a cabo la guerra. El calendario se calculaba según la posición de las estrellas y los planetas, que creían que eran señales de los dioses. Los sacerdotes utilizaban el calendario para documentar tanto los días sagrados de las celebraciones como los «días de mala suerte», en los que había que hacer sacrificios para apaciguar a los dioses.

Estos calendarios también han sido una herramienta indispensable para los historiadores y arqueólogos, ya que muchos acontecimientos centrales fueron pintados y codificados con fechas de los calendarios mayas.

El calendario maya ganó la atención internacional en el año 2012, cuando el calendario de la Cuenta Larga llegó al final de su ciclo el 21 de diciembre. Aunque los medios de comunicación populares especularon cada vez más con que se trataba de una profecía apocalíptica del día del juicio final, la fecha era simplemente el final del año del calendario maya.

La guerra maya clásica

Durante muchos años, los estudiosos de Mesoamérica creyeron que los mayas eran una civilización excepcionalmente pacífica. Propusieron que el periodo Clásico fue un periodo de gran paz en todas las tierras bajas mayas, ya que las ciudades prosperaron al tiempo que su cultura y arte florecieron.

Sin embargo, los conocimientos modernos sobre los mayas han dado un vuelco total a esta visión de la civilización. El estado de fractura del corazón maya significaba que las ciudades competían constantemente por los recursos y el control político de la región.

Las sequías estacionales de las tierras bajas, el escaso número de fuentes de agua dulce y la infertilidad general del suelo yucateco hicieron que la tierra y el agua fueran los recursos más codiciados por los mayas del Clásico. A medida que crecía la población de las ciudades, estos recursos se volvieron más demandados y escasos, lo que provocó un aumento masivo de las rivalidades y guerras regionales.

Las ciudades más grandes contaban con ejércitos bien entrenados que resultaron ser algunas de las fuerzas militares más formidables de Mesoamérica. Estos ejércitos a menudo realizaban largos y peligrosos viajes que se extendían durante cientos de kilómetros a través de la densa selva tropical. Las principales armas de los mayas eran las espadas, las lanzas y los arcos y flechas, y la mayoría de estas armas estaban hechas de obsidiana. La toma de prisioneros era un componente central de la guerra maya, especialmente la captura de la realeza. Estos prisioneros solían ser las principales víctimas cuando se realizaban sacrificios humanos.

A finales del periodo Clásico, muchos líderes de las tierras bajas del centro y del sur, devastadas por la guerra, habían construido enormes fortificaciones defensivas alrededor de sus ciudades. También existen pruebas que demuestran que las poblaciones rurales que antes vivían despreocupadas en la periferia de las ciudades se fueron desplazando hacia el interior, acercándose a la ciudad. Esto demuestra que la guerra destructiva se había convertido en una verdadera amenaza existencial para muchas poblaciones mayas en esta época. A lo largo de los tres próximos capítulos, exploraremos cómo la guerra y muchos otros factores condujeron a la caída de los centros urbanos del maya Clásico.

# Capítulo 6: Tikal: La ciudad de los dioses jaguares mayas

Tikal fue una de las mayores ciudades de la civilización maya del periodo clásico. Estaba situada en el actual norte de Guatemala, en la cuenca del Petén, a 40 millas al suroeste de las actuales ciudades de Flores y Santa Elena y a 188 millas al norte de Ciudad de Guatemala.

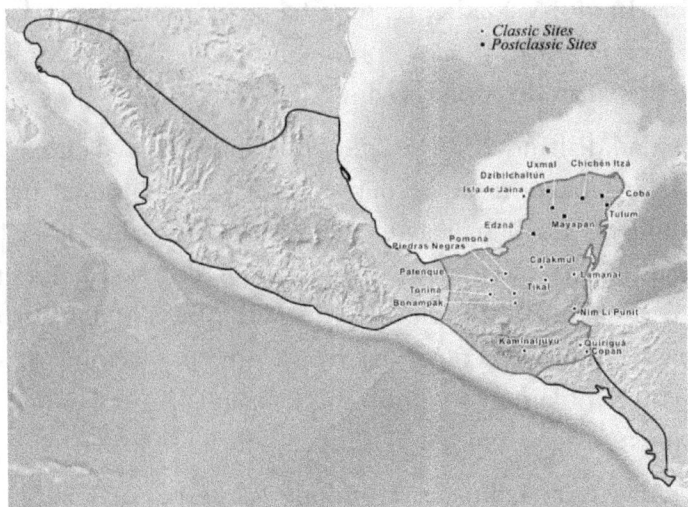

*Tikal se encuentra en el centro de la zona resaltada (Crédito: Kmusser)*

La ciudad ha sido uno de los yacimientos mesoamericanos más estudiados por su amplia documentación de gobernantes y sus numerosos templos, tumbas y monumentos. El yacimiento arqueológico pasó a formar parte del Parque Nacional de Tikal en 1955, convirtiéndose en la primera zona protegida a nivel federal del país. En 1979 fue clasificado oficialmente como Patrimonio de la Humanidad por la UNESCO.

El área total de la ciudad era de más de 6,2 millas cuadradas, con alrededor de 3.000 estructuras que se encuentran en todo el sitio. Parte de la arquitectura más antigua de Tikal se remonta al siglo IV a. C., y las pruebas de producción agrícola en la ciudad se remontan al año 1000 a. C.

En todo el yacimiento arqueológico se descubrió una colección de cerámica maya que databa de entre el 700 y el 400 a. C., lo que indica la presencia de una población permanente y urbanizada caracterizada por las distintivas influencias culturales mayas. Muchos de los principales proyectos iniciales de construcción de la ciudad tuvieron lugar entre el 400 y el 300 a. C., un periodo en el que Tikal era mucho más pequeña que las cercanas ciudades del norte, El Mirador y Nakbe. La dinastía de gobernantes de la ciudad comenzó en el siglo I d. C. y contó con más de 33 gobernantes a lo largo de 800 años de gobierno dinástico.

La ciudad disfrutó de su máximo dominio regional entre el 200 y el 900 d. C. Tikal dominó las tierras bajas mayas durante su apogeo. Los estudiosos no han llegado a un consenso sobre las cifras de población de la ciudad, con estimaciones que oscilan entre los 10.000 y los 90.000 habitantes. Entre el 700 y el 830 d. C., la ciudad experimentó un aumento masivo de su población, pero esta disminuyó rápidamente durante el siglo IX. La ciudad fue abandonada casi por completo a principios del siglo XI.

La ciudad estaba situada en una de las tierras más fértiles de la región y contaba con amplias redes comerciales que se extendían por toda Mesoamérica. Sin embargo, la ciudad no contaba con fuentes de agua dulce situadas en su proximidad inmediata, lo que la hacía muy vulnerable a las sequías que se producían con las imprevisibles lluvias de la región.

La ciudad contaba con diez grandes depósitos que se utilizaban para recoger el agua de lluvia en un intrincado sistema de gestión del agua que ayudaba a la ciudad a sobrevivir durante las estaciones secas. Los ingenieros de la ciudad construyeron grandes superficies inclinadas con canales alrededor de estos embalses, diseñados para recoger la mayor cantidad de agua de lluvia posible.

Estructuras

La zona más famosa de la ciudad es la Gran Plaza, que incluye un conjunto de palacios, altares y dos de las pirámides más grandes de los mayas enfrentadas a ambos lados de la plaza. Se construyeron varias calzadas de piedra caliza para conectar las diferentes secciones de la ciudad, que actuaban como calles para la población y que también podían servir como presas durante la temporada de lluvias.

*Una imagen reciente de la plaza de Tikal (Crédito: Bjørn Christian Tørrissen)*

El Templo I, de 154 pies de altura, también conocido como el «Templo del Gran Jaguar», se construyó en la década de 730 para conmemorar la muerte del gobernante Jasaw Chan K'awil, que lideró la victoria de la ciudad contra la ciudad rival de Calakmul. El Templo II, el «Templo de la Máscara», tiene una altura de 125 pies y se cree que fue construido por Kasaw Chan K'awil en honor a su esposa fallecida.

En la periferia de la Gran Plaza se encuentra la pirámide más alta de Tikal, el Templo de la Doble Serpiente, que se eleva a 230 pies de altura. Se cree que el templo fue construido en honor del hijo de Jasaw Chan K'awiil en el año 740. Además de estas tres pirámides situadas en el centro de la ciudad, se han encontrado otras cinco pirámides en todo el yacimiento arqueológico que fueron construidas para gobernantes fallecidos.

La Acrópolis Norte está al norte de la Gran Plaza, que incluye dos hectáreas y media de tumbas y templos sagrados. La Acrópolis ha sido uno de los sitios arqueológicos más estudiados de Mesoamérica. La construcción de la Acrópolis Norte comenzó a mediados del siglo IV a. C. y se convirtió en el lugar central para el entierro de los gobernantes fallecidos.

*Vista de la Acrópolis Norte desde la plaza (Crédito: Elelicht)*

Al sur de la plaza se encuentra la Acrópolis Central, que albergaba el principal lugar real para la élite gobernante. Durante los primeros años del periodo Clásico, el palacio era un modesto edificio ceremonial, pero a medida que Tikal se fue convirtiendo en una poderosa ciudad maya, el palacio fue mejorado para reflejar el creciente poder político de la ciudad en las tierras bajas.

El Mundo Perdido es una gran plaza de 650.000 pies cuadrados que alberga la pirámide del Mundo Perdido, una de las principales atracciones de la ciudad. La plaza tiene un significado especial para la historia de la ciudad, ya que fue la primera gran plaza que se construyó durante el periodo preclásico y, en última instancia, la última plaza que se abandonó tras el declive de la ciudad.

*El lado occidental restaurado de la Pirámide del Mundo Perdido. Los mayas la reconstruyeron varias veces; la primera fase data de finales del Preclásico medio y la última, de alrededor del año 300 (Crédito: Simon Burchell)*

En el momento del declive de la ciudad, el palacio se había convertido en un enorme complejo con múltiples edificios, patios e incluso su propio depósito de agua. La ciudad también contaba con siete canchas de pelota, utilizadas para un juego de pelota mesoamericano que era practicado por la población.

### El Clásico temprano de Tikal

El periodo Clásico trajo consigo un periodo de gobierno divino a las ciudades mayas. Los gobernantes eran vistos cada vez más como figuras divinas que eran puestas en el trono por la voluntad de los dioses. Se construyeron cada vez más monumentos y templos en su honor, lo que ha ayudado a los arqueólogos a trazar la cronología de los gobernantes de la ciudad.

La dinastía de Tikal fue creada por Yax Ehb Xook en el siglo I d. C., y hasta el siglo X habría 33 gobernantes de la ciudad. Existen pruebas de que en el año 317 d. C., una reina llamada Lady Unen Bahlam gobernó la ciudad, poniendo fin a siglos de una dinastía exclusivamente masculina.

A lo largo del periodo Clásico temprano, las ciudades de Tikal y Calakmul se convirtieron en las potencias dominantes del corazón maya. A medida que Tikal crecía, facilitaba cada vez más el comercio con sus vecinos, lo que ayudó a otras ciudades de la región a crecer también. Sin embargo, esta nueva dinámica de poder en el corazón maya también hizo que Takal tuviera muchos enemigos. Los estados mayas de Uaxactun, Caracol, Naranjo y Calakmul entrarían en conflicto con Tikal a lo largo del periodo Clásico.

Durante el Clásico temprano, Tikal luchó activamente contra la ciudad de Uaxactun en numerosas batallas. El estado rival de Caracol derrotó a Tikal durante el periodo Clásico temprano, y Caracol tomó el lugar de Tikal como poder dominante de las tierras bajas mayas durante algún tiempo hasta que Tikal resurgió como la ciudad más poderosa de la región.

### Relación con Teotihuacán

Teotihuacán, una gran ciudad enclavada en el valle de México, tenía una estrecha relación con Tikal. A principios del siglo III d. C., la ciudad de Teotihuacán tenía múltiples embajadas construidas en Tikal, a pesar de estar a más de 800 millas de distancia. Muchos de los monumentos y edificios de Tikal construidos durante este periodo tenían influencias directas de Teotihuacán, la mayor ciudad de Mesoamérica en ese momento. También existen pruebas que demuestran que las dos poblaciones incluso practicaban la misma religión y adoraban a muchos de los mismos dioses.

El decimocuarto rey de Tikal, Chak Tok Ich'aak, construyó un gran palacio que sería una de las estructuras más importantes de la ciudad durante siglos. Las pruebas apuntan a un derrocamiento de Chak Tok Ich'aak por parte del rey de Teotihuacán, Siyah K'ak, a finales del siglo IV d. C. También se cree que esta invasión se llevó a cabo con la ayuda de algunas facciones políticas de Tikal.

Al capturar la ciudad, Chak Tok Ich'aak fue ejecutado, y el hijo de Siyah K'ak, Yax Nuun Ayiin I, fue nombrado gobernante de la ciudad y gobernó durante 47 años. Tikal pronto obtendría una completa autonomía del poder político de la ciudad, ya que Teotihuacán comenzó a declinar en el siglo VI. Sin embargo, a medida que Tikal iba adquiriendo protagonismo, las ciudades seguirían siendo aliadas militares y grandes socios comerciales.

### Rivalidad con Calakmul

Durante el siglo VI, las ciudades de Tikal y Calakmul se convirtieron en potencias regionales rivales, y ambas formaron alianzas con ciudades cercanas. Durante los siglos siguientes, hasta el periodo Terminal, se produjo una «guerra fría» maya entre las dos ciudades, ya que cada una de ellas competía por la influencia política en las tierras bajas.

Calakmul cambió rápidamente la escala de poder a su favor estableciendo un sistema de alianzas con muchas ciudades de las tierras bajas, como El Zotz, El Perú y Caracol. La alianza derrotó con éxito a Tikal en el año 562 d. C. Aunque la batalla no destruyó por completo a Tikal, su dominio regional disminuyó rápidamente durante varias décadas. Esta derrota desencadenó un periodo que se ha denominado el «hiato de Tikal», un periodo en el que no se realizaron grandes proyectos de construcción o escritura en la ciudad. A finales del siglo VI, muchos de los monumentos y estructuras de la ciudad fueron desfigurados.

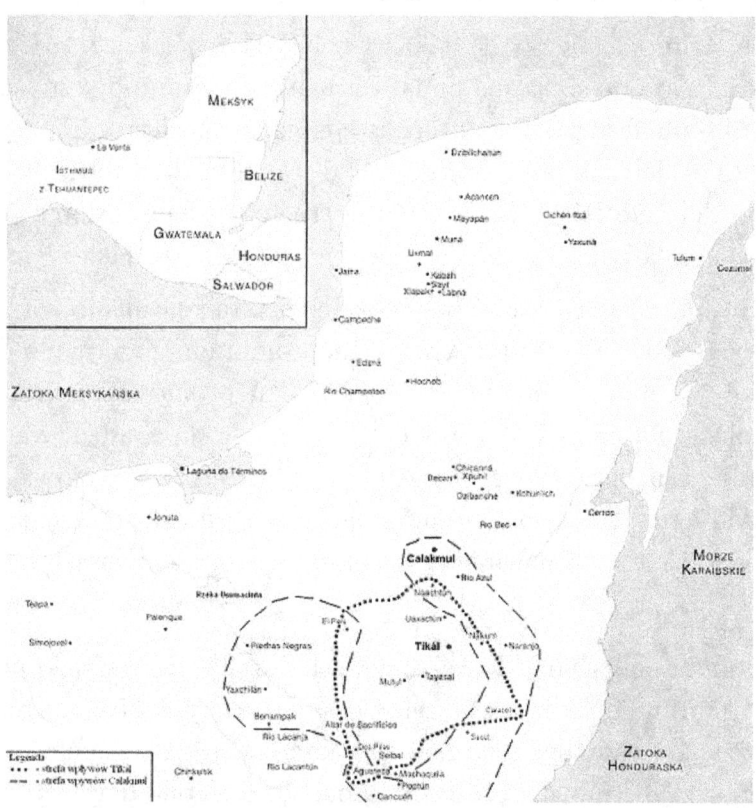

*Un mapa de los aliados y la zona de influencia de Tikal y Calakmul (Crédito: Wikimedia Commons)*

Caracol y Calakmul se convirtieron en las dos ciudades más prósperas de la región durante el paréntesis de Tikal. La derrota de Tikal marcó el final del Clásico temprano y el comienzo del período maya del Clásico tardío.

Sin embargo, Tikal empezó a recuperar lentamente su fuerza y volvió a erigirse en el principal rival de Calakmul y sus aliados. Tikal creó el asentamiento de Dos Pilas a 68 millas al suroeste de la ciudad en el año 629. Dos Pilas sirvió como un puesto militar defensivo que protegía los intereses comerciales de la ciudad cerca del río Pasión.

En 655, Calakmul invadió con éxito Dos Pilas, y el rey de la ciudad se vio obligado a convertirse en un gobernante vasallo de Calakmul. Con una importante ayuda y orientación de Calakmul, Dos Pilas pronto declaró la guerra a su antigua ciudad gobernante. Dos Pilas atacó con éxito Tikal en 657, obligando a la realeza de Tikal a escapar de la ciudad. En 672, Tikal atacó a Dos Pilas en represalia, obligando a los gobernantes de la ciudad a huir al exilio.

En 738, Tikal obtuvo una victoria decisiva en una batalla frontal con su rival y ejecutó al rey de Calakmul. Esta derrota destruyó la fuerza militar y política de Calakmul, y la ciudad decayó rápidamente. Aunque Tikal acabó ganando la guerra contra Calakmul, pronto correría la misma suerte que su rival durante el periodo Clásico terminal.

<u>Asentamientos y colonias</u>

Tikal conquistó un pequeño asentamiento al noreste de la ciudad llamado Río Azul a finales del siglo IV. Una inscripción fechada en el año 385 encontrada en Río Azul representa a la élite gobernante de la ciudad siendo ejecutada por guerreros de Tikal.

Río Azul quedó estrechamente vinculado a Tikal, tanto como guarnición defensiva para protegerse de las invasiones del norte como para servir de puesto de avanzada en las rutas comerciales del Caribe. La pequeña ciudad también ayudó a Tikal en su guerra con

Calakmul debido a su ubicación en el río Hondo, que conectaba Calakmul con el Atlántico.

La ciudad de Uaxactun y muchos otros asentamientos mayas más pequeños como Bejucal y Motul de San José en la región fueron finalmente puestos bajo el control de Tikal. A mediados del siglo V, la ciudad controlaba dieciséis millas cuadradas.

Aparte de estos asentamientos que se utilizaban como guarniciones militares y fortalezas, Tikal tenía muchas barreras defensivas naturales, incluyendo pantanos tanto al este como al oeste de la ciudad. Durante el siglo V, se construyó un enorme sistema de fortificaciones defensivas de 46 millas cuadradas para proteger la ciudad, lo que indica que la guerra era cada vez más común en las tierras bajas del sur y del centro.

Relación con Copán

En el siglo V, la ciudad sureña de Copán pasó a estar bajo el control de Tikal, ya que la ciudad comenzó a extender su influencia por todo el territorio maya del sureste. Hay evidencias respecto a que el fundador de la dinastía de Copán, K'inich Yax K'uk Mo', creció en Tikal y puede haber sido puesto a cargo de la ciudad por la intervención de Tikal. Después, la ciudad se convirtió en uno de los aliados más cercanos de Tikal, tanto como socio comercial como aliado militar.

Un estado vasallo de Copán, Quiriguá, se rebeló contra su gobernante en el año 738 y consiguió su independencia. Algunos expertos creen que este movimiento hacia la independencia fue ayudado por Calakmul, ya que la disminución del poder político de Copán habría debilitado enormemente el sistema de alianzas de Tikal.

Período Clásico terminal

El siglo IX marcó un período de decadencia para la ciudad y gran parte del resto de las ciudades mayas de las tierras bajas. A medida que la guerra se extendía por la región, los habitantes de

Tikal se desplazaban cada vez más hacia el interior para estar protegidos por las defensas de la ciudad. Las rutas comerciales que conectaban la ciudad con el resto de Mesoamérica se vieron gravemente interrumpidas, y los costes de la guerra agotaron tanto la economía de la ciudad como la moral de su población.

Muchos expertos creen que la caída de Tikal fue causada en parte por el hacinamiento que provocó una inmensa degradación ambiental de la zona, lo que llevó al colapso de la producción agrícola. Las prácticas agrícolas de la ciudad provocaron una enorme degradación medioambiental en la zona, ya que la tierra se sobreexplotó y se sobrepobló. La zona circundante estaba fuertemente deforestada y el suelo se había quedado sin nutrientes, lo que hacía imposible cultivar durante una grave sequía. Cuando una grave sequía estacional envolvió la zona, estos problemas medioambientales se agravaron enormemente.

Las elevadas cantidades de sustancias químicas tóxicas, como el mercurio y el fosfato, también contaminaron gran parte de las fuentes de agua de la ciudad. Estudios recientes indican que el complejo sistema de gestión del agua creado por los ingenieros de la ciudad puede haber contribuido a su caída.

El uso generalizado del tinte de cinabrio, que contiene grandes cantidades de mercurio, habría provocado una gran escorrentía de la sustancia tóxica a las fuentes de agua durante las lluvias intensas. El cinabrio era un elemento que escapaba de las ciudades del maya Clásico, ya que se utilizaba para pintar el exterior de los edificios y como tinte para la ropa. Además, en estos embalses se encontraban grandes cantidades de fosfato, lo que provocaba una floración de algas tóxicas. El embalse más contaminado se encontraba cerca del palacio real de la ciudad, lo que significa que los gobernantes pueden haber sido los más afectados por los suministros de agua tóxica.

En el siglo IX, los embalses de los que la población de la ciudad dependió durante siglos estaban muy contaminados. Esto resultó ser un momento terrible, ya que la región experimentaría una serie de graves sequías a lo largo de los últimos años del periodo Clásico. Sin suministros de agua en la ciudad y sin agua de lluvia que recoger, la población no tuvo más remedio que abandonar la ciudad.

El agua es una parte integral de cualquier civilización, pero era especialmente importante en las creencias espirituales de los mayas del Clásico. La contaminación de sus únicas fuentes de agua y la falta de precipitaciones naturales también pueden haber aportado un elemento espiritual divino al declive de Tikal, ya que gran parte de la población de la ciudad puede haber creído que la ciudad había sido maldecida o castigada por los dioses.

Entre los años 830 y 950, el gobierno de Tikal se derrumbó rápidamente y gran parte de su población abandonó la ciudad. A lo largo del siglo IX, los asentamientos vasallos vecinos comenzaron a erigir monumentos que celebraban a sus propios gobernantes y costumbres locales, lo que indica que aprovecharon el declive de Tikal como una oportunidad para su independencia.

A finales del siglo IX se erigieron algunos monumentos en un intento de rejuvenecer la ciudad, pero fue en vano. A principios del siglo XI, la ciudad había quedado casi completamente abandonada, y los habitantes que quedaban vivían dispersos entre las ruinas de la ciudad.

A principios del siglo XVI, el conquistador español Hernán Cortés y su fuerza expedicionaria pasaron, sin saberlo, por Tikal y las ruinas abandonadas de la que fue siglos atrás una de las mayores ciudades de la civilización maya. El colapso de Tikal marcó un momento definitivo para el pueblo maya. Una de las mayores ciudades de la región, que mostraba la cúspide del arte, la arquitectura y la cultura mayas, fue engullida por la selva, para no volver a ser poblada.

# Capítulo 7: Calakmul: El imperio maya perdido

Calakmul fue una de las ciudades más destacadas de las tierras bajas durante el periodo Clásico y resultó ser la mayor rival de Tikal. El sitio se encuentra hoy en día en el estado de Campeche en México, a 22 millas de la frontera entre México y Guatemala.

Calakmul fue la principal ciudad del «reino de la Serpiente», que gobernó gran parte de las tierras bajas centrales durante la mayor parte del periodo Clásico. En su apogeo, se calcula que la ciudad estaba habitada por unas 50.000 personas, y su superficie total abarcaba 7,7 millas cuadradas. Calakmul se eleva a 115 pies sobre el nivel del mar y cuenta con una gran zona pantanosa situada al oeste. Su ubicación permitió a la población de la ciudad acceder a los suelos especialmente fértiles de las regiones pantanosas, lo que la convirtió en una de las regiones agrícolas más productivas de las tierras bajas centrales.

En su momento de mayor dominio regional, el reino controlaba 5.000 millas cuadradas de territorio. Controlaba 20 asentamientos en todo su territorio, con una población combinada de 200.000 habitantes. Combinando estos asentamientos, las zonas rurales y la propia ciudad, la población total del reino de la ciudad se estimaba en 1,5 millones de personas durante el periodo Clásico.

Sin embargo, al igual que Tikal, durante el siglo IX, la población de la ciudad se desplomó rápidamente hasta el 10% de lo que era solo unas décadas antes.

Se han descubierto 6.750 estructuras en toda la zona arqueológica de la ciudad y, a pesar de su remota ubicación lejos de cualquier asentamiento moderno, ha sido uno de los sitios más excavados de la península de Yucatán.

La distribución de la ciudad

El principal material utilizado para construir las numerosas estructuras de piedra de la ciudad fue la piedra caliza blanda, que es especialmente susceptible a la erosión. El uso de este material y la ubicación especialmente remota de la ciudad en la densa selva tropical de las tierras bajas centrales han presentado muchos desafíos para los equipos de arqueología en sus estudios de la ciudad.

El yacimiento es un brillante ejemplo de la complejidad de los sistemas de gestión del agua de los mayas, ya que grandes canales y embalses están dispersos por toda la ciudad. La ciudad alberga el mayor embalse de toda la civilización maya Clásica, con una superficie de 540.000 pies cuadrados. El agua de este colosal embalse se recogía de un pequeño arroyo que desembocaba en él durante las estaciones húmedas. La región de Calakmul recibe muchas menos precipitaciones que el resto de las tierras bajas del centro y el sur, por lo que este sistema de gestión del agua era crucial para la supervivencia y la prosperidad de la ciudad.

Los 13 embalses que se encontraban en la ciudad podían albergar un total de 44.000.000 de galones de agua, lo que podría mantener a una población de 100.000 personas. Es probable que estos sistemas de embalses se utilizaran exclusivamente para el consumo de la población de la ciudad, ya que no hay pruebas de que se utilizaran con fines agrícolas.

La ciudad contaba con ocho grandes calzadas que la atravesaban. Estas calzadas conectaban la periferia de la ciudad con su centro y conectaban la ciudad con sus ciudades aliadas vecinas, como El Mirador y Nakbe. La más larga de estas calzadas, que unía la ciudad con su aliado cercano (El Mirador), se extendía 24 millas.

Las estructuras 1 y 2 son las pirámides principales de Calakmul, situadas en el centro de la ciudad. La estructura 1 tiene 160 pies de altura y tiene un grupo de pequeñas estelas erigidas en su base. La estructura 2 es una de las mayores estructuras de la civilización maya, con 148 pies de altura. Como muchas otras pirámides del Clásico, la estructura 2 tiene otros múltiples templos en su interior, con cada estructura construida encima de la otra.

*Una foto de la estructura 2. Al igual que otras pirámides mayas, la estructura 2 alcanzó su enorme tamaño tras años de construcción sobre los cimientos originales (Crédito: Ant_mela)*

La tumba encontrada en la estructura 2 era una de las más ricas encontradas en el mundo maya, llena de muchos artefactos valiosos hechos de jade, obsidiana y muchas artesanías de cerámica. Se cree que la tumba perteneció a un poderoso rey que ascendió al poder durante el siglo VII.

La estructura 7 es una pirámide de 79 pies de altura situada en la sección norte de la plaza. En la cúspide de la pirámide hay un pequeño templo de tres habitaciones en el que se encontró un tablero de juego de patolli. El patolli era uno de los juegos de mesa más comunes de los mayas y era jugado tanto por la población de la ciudad como por sus gobernantes. El juego se practicaba a menudo con fuertes apuestas y giraba en gran medida en torno a la suerte.

Se han encontrado ciento diecisiete estelas en las ruinas de la ciudad, el mayor número de cualquier ciudad del maya Clásico. La mayoría de ellas representan a los gobernantes de la dinastía real de Calakmul y a sus esposas. Como muchas otras estructuras de Calakmul, las inscripciones están muy erosionadas debido a la blanda composición de la piedra caliza.

El mercado maya Clásico

En Calakmul se pintaron muchos murales de gran tamaño que representaban la vida cotidiana de la ciudad. Las grandes escenas de un bullicioso mercado representan la bulliciosa y populosa metrópolis, y las interacciones cotidianas de los ciudadanos del maya Clásico. Esto difiere de muchas otras ciudades del Clásico, cuyos murales se centran en sus gobernantes divinos, en las deidades mayas o en escenas de batallas épicas.

A lo largo del periodo clásico, los centros urbanos como Calakmul tenían grandes y animados mercados que servían como motores económicos de las ciudades. Estos mercados solían estar situados en la plaza central de las ciudades y servían como lugar de congregación para la población de la ciudad mientras realizaban sus recados y actividades diarias. Los mercaderes viajaban por toda el área maya y más allá, vendiendo artículos de lujo regionales hechos en la ciudad y comprando artículos exóticos de ciudades de toda Mesoamérica.

La mayoría de los mercaderes de los centros urbanos vendían sus productos dentro de los confines de la ciudad, y lo más probable es que viajaran a las afueras rurales de la región para comprar bienes a los agricultores y otros productores. Mientras que los que viajaban fuera de la ciudad para comerciar eran probablemente exclusivamente hombres, tanto hombres como mujeres podían ser vendedores en el mercado.

En Calakmul, las largas calzadas que conducían a otras ciudades vecinas eran muy probablemente utilizadas por vendedores y compradores diariamente. Está bien documentado que Calakmul mantuvo una gran relación comercial durante todo el periodo Clásico.

Los mercaderes ambulantes, llamados «polom», viajaban largas distancias para comerciar con otras ciudades, y algunos incluso hacían viajes frecuentes al centro de México. Estos mercaderes solían pertenecer a las clases socioeconómicas más bajas de la ciudad, ya que los mercaderes no tenían un estatus de clase alta como los comerciantes de larga distancia de otras sociedades mesoamericanas como los aztecas.

Los talleres eran una parte esencial de las ciudades mayas, ya que en ellos se fabricaban cerámicas, joyas y otros productos artesanales propios de la ciudad. Estos objetos culturales y sus estilos distintivos se convirtieron en sellos de la ciudad y se vendieron en toda Mesoamérica. Las ciudades que tenían alianzas estrechas, como El Mirador y Calakmul, tendían a tener una considerable difusión cruzada de bienes culturales artesanales.

*Un plato de cerámica encontrado en Calakmul, fechado entre el 600 y el 800 d. C. (Crédito: Sailko)*

En las zonas rurales de la periferia de las ciudades, los agricultores solían intercambiar cosechas y bienes con sus vecinos. Cuando los agricultores tenían un excedente de cosechas durante una buena temporada, solían llevarlas al mercado para venderlas a la población urbana. Parece que los vendedores cotidianos tenían un gran poder dentro de las economías de las ciudades, aunque es probable que la clase dirigente pusiera un impuesto a las transacciones dentro de la ciudad.

Historia temprana

Las ciudades de Calakmul y El Mirador fueron ciudades prominentes durante el periodo Preclásico, y la evidencia indica que tenían una relación comercial muy estrecha. Calakmul superó con creces a El Mirador durante el periodo Clásico, y se cree que muchos de los habitantes de El Mirador se trasladaron a Calakmul durante el Preclásico tardío. Las ciudades de Calakmul, El Mirador, Nakbe y El Tintal estaban conectadas por una red de calzadas, lo que sugiere que la población podía viajar libremente entre las ciudades.

### Rivalidad con Tikal

A mediados del siglo VI, la ciudad comenzó a crear una alianza con muchas ciudades de las tierras bajas, y estalló una guerra con Tikal. Las dos ciudades se convirtieron en las «superpotencias» de las tierras bajas, ya que cada una de ellas creó sistemas de alianzas y libró guerras por delegación para disminuir el poder político de la otra. La mayoría de los estudiosos coinciden en que esta rivalidad se debió más al control de los recursos y las rutas comerciales de la región que a una guerra ideológica.

Aunque Tikal tenía una población mucho mayor, los líderes de Calakmul demostraron ser astutos diplomáticos que formaron una alianza con la mayoría de las ciudades y asentamientos de la región. Durante los siglos VI y VII Tikal estuvo completamente rodeada por el sistema de alianzas de Calakmul. Tikal se encontraba completamente aislada del resto de las tierras bajas, y la mayoría de sus aliados habían sido derrotados o se habían aliado con Calakmul.

Durante este periodo, Calakmul tuvo un control político casi indiscutible de toda la región, y su vasto sistema de alianzas formó muchas nuevas redes de comercio que aportaron a la ciudad una gran riqueza. Muchas de las ciudades conquistadas en toda la región fueron clasificadas como estados vasallos que se vieron obligados a pagar tributo a Cara Kamal.

Después de que Calakmul derrotara a Tikal en una batalla a principios del siglo VII, Tikal entró en un rápido declive, convirtiendo a Calakmul en la ciudad dominante de la región y dando paso al periodo Clásico tardío.

Sin embargo, Tikal pronto se recuperó y derrotó a Calakmul en una gran batalla en el año 695. El rey de Calakmul murió en la batalla y el poder político de la ciudad decayó drásticamente en el periodo Clásico terminal.

### Guerra con Palenque y Naranjo

En 599, Calakmul y la pequeña ciudad de Santa Elena atacaron Palenque y saquearon la ciudad. Tras la derrota, Palenque se vio obligada a convertirse en una ciudad vasalla y a pagar tributo a Calakmul. Sin embargo, tan solo una década después de la batalla, la ciudad comenzó a dar pasos hacia la independencia, lo que enfureció al gobernante de Calakmul.

En el año 611, Calakmul atacó Palenque y muchos de los nobles de la ciudad fueron asesinados. La ciudad fue saqueada por las fuerzas de Calakmul y entró en un rápido declive del que nunca se recuperó durante el periodo Clásico. Se cree que los gobernantes de Calakmul tenían un gran interés político en tomar la región de Palenque. Temían que la ciudad se aliara con Tikal, y que pudiera servir como puesto de avanzada para algunas de las mayores rutas comerciales de las tierras bajas.

En algún momento de la década de 620, la cercana ciudad de Naranjo, que se había convertido en un estado vasallo, se rebeló contra Calakmul. Tras algunos intentos fallidos, la ciudad fue finalmente retomada en el año 631. El rey de Naranjo fue hecho prisionero por los guerreros de Calakmul, y las inscripciones indican que fue torturado y ejecutado. Las inscripciones de Calakmul sugieren que no solo se ejecutó al rey después de la batalla, sino que toda la familia real fue asesinada. Calakmul instauró entonces una nueva familia real que fue firmemente leal a su autoridad política.

### Relación con Dos Pilas

Dos Pilas fue un pequeño asentamiento establecido por Tikal en el año 629 que sirvió para proteger sus rutas comerciales en el río Pasión. El hermano del rey de Tikal fue nombrado rey de Dos Pilas en 635 y lucharía con Tikal contra Calakmul durante muchos años.

En el año 648, Dos Pilas fue atacada por Calakmul, lo que provocó la captura del rey de la ciudad y la muerte de una élite noble de Tikal. En lugar de ejecutar al rey de Dos Pilas, Calakmul decidió ponerlo en su antiguo trono como rey vasallo para luchar contra su antiguo aliado, Tikal.

En el año 657, Dos Pilas, ahora con la ayuda y guía de Calakmul, atacó Tikal y obligó a gran parte de la clase dirigente a huir de la ciudad. A pesar que las dos ciudades antes aliadas eran ahora enemigas, Dos Pilas siguió utilizando muchos símbolos y emblemas de Tikal a lo largo de su conflicto. Muchos estudiosos creen que los gobernantes de Dos Pilas tenían la ambición de ocupar el trono de Tikal.

En 672, Tikal atacó Dos Pilas, tomando la ciudad y obligando a muchos de sus gobernantes a exiliarse. Calakmul intervino y comenzó a consolidar su sistema de alianzas con la esperanza de poder cercar completamente Tikal y su territorio.

En el año 677, Calakmul atacó Dos Pilas, tomando la ciudad y reinstalando al antiguo rey en el trono. Dos años más tarde, una fuerza aliada de Dos Pilas y Calakmul derrotó a Tikal en una gran batalla, aunque esta victoria no pareció tener un gran impacto en el conflicto Tikal-Calakmul.

Declive

La ciudad construyó cinco estelas diferentes a principios de la década de 740. Para entonces, el poder político de Calakmul era una fracción de lo que fue. En las tierras bajas, muchos de los aliados más leales de Calakmul fueron derrotados por Tikal. El poder político de los gobernantes de Calakmul dependía totalmente de este fuerte sistema de alianzas, y a medida que comenzó a desmoronarse, la ciudad también empezó a declinar.

*Una de las estelas encontradas en Calakmul; esta está fechada en la década de 730 (Crédito: Thelmadatter)*

A lo largo del periodo Clásico terminal, Calakmul comenzó a centrarse en el comercio desde sus alrededores en las tierras bajas centrales hasta el norte de Yucatán. Esto puede indicar que el gobierno de Calakmul preveía el declive de la región y esperaba mantenerse a flote estableciendo relaciones con ciudades en crecimiento en el norte como Chichén Itzá.

Las últimas estructuras de cualquier tipo que se construyeron en el Calakmul Clásico fueron tres estelas construidas en el año 810, que es más o menos cuando los historiadores creen que el gobierno de la ciudad se derrumbó por completo. Durante este periodo, las ciudades que antes gobernaba Calakmul empezaron a erigir sus propios monumentos culturales y a separarse de las prácticas culturales distintivas de sus antiguos señores.

Existen pruebas que indican que una pequeña población, tal vez incluso parte de la clase dirigente, permaneció en la ciudad tras su fuerte despoblación a lo largo del siglo IX. Se construyeron algunos monumentos, pero de forma muy tosca en comparación con los monumentos del periodo clásico. Es posible que se tratara de un intento de revitalizar la ciudad y devolverla a lo que fue en su día.

Tras siglos de dominación política en las tierras bajas del centro y el sur, en el periodo Clásico terminal las grandes ciudades de Calakmul y Tikal eran ruinas abandonadas y ocultas entre la inmensa selva centroamericana.

De todas las grandes ciudades del periodo Clásico, ha desconcertado a los historiadores por qué las dos más grandes se derrumbaron tan rápidamente y nunca volvieron a ser pobladas. Una gran parte fue sin duda los siglos de guerra, ya que los constantes combates seguramente agotaron la economía de las ciudades.

Los historiadores aún no están seguros sobre lo que provocó exactamente el abrupto deterioro de Calakmul y las demás ciudades del Clásico, pero un creciente conjunto de pruebas apunta a algunas causas probables. En el siguiente capítulo se analizarán las numerosas teorías y pruebas que apuntan a la razón del colapso de los dos gigantes de las tierras bajas.

# Capítulo 8: El colapso de la época Clásica

Entre los siglos VIII y IX, las ciudades mayas de las tierras bajas del sur se despoblaron rápidamente. Este periodo ha sido llamado el «Colapso del maya Clásico», ya que el periodo maya Clásico fue reemplazado por el periodo Postclásico maya. El siglo IX se suele clasificar como el periodo Clásico terminal.

Aunque se han formulado muchas teorías sobre el colapso, los expertos no están seguros de qué fue exactamente lo que llevó a la desintegración de la sociedad urbana maya en las tierras bajas. Está demostrado que las grandes ciudades de la región, como Tikal, Calakmul y Palenque, se deterioraron a lo largo de los siglos VIII y IX y pronto fueron abandonadas por completo.

Durante este periodo de decadencia, no se realizaron escritos en los monumentos ni se llevaron a cabo grandes proyectos de construcción en las ciudades. Sin embargo, este colapso no supuso el fin de la civilización maya.

De hecho, cuando las grandes ciudades de las tierras bajas del sur empezaron a fracasar, las ciudades del norte de Yucatán llenaron el vacío de poder y empezaron a prosperar como las nuevas ciudades dominantes del mundo maya. Muchas de estas nuevas ciudades del norte conservaron muchas tradiciones culturales y características del maya Clásico, aunque muchos estilos artísticos quedaron en el pasado.

La ciudad de Chichén Itzá se convirtió en la potencia dominante de la península durante el colapso, y muchas otras ciudades tanto en el norte de Yucatán como en las tierras altas del sur prosperaron hasta las conquistas españolas. Aunque este periodo suele denominarse «Colapso Maya», muchos expertos mesoamericanos rechazan esta terminología. Por el contrario, creen que el poder que culminó en las ciudades de las tierras bajas del sur se desplazó y dispersó por toda la región.

Teorías sobre el colapso

Los estudiosos de Mesoamérica han sugerido casi un centenar de teorías diferentes, y no han podido llegar a un consenso sobre una explicación unificada. Sin embargo, la comunidad académica parece aceptar una serie de temas como factores que contribuyeron al colapso.

El colapso de los centros urbanos mayas debido a factores medioambientales tiende a ser una de las principales teorías. Muchos estudiosos creen que una grave sequía o una serie de sequías en la región causaron el repentino declive. Otra teoría que los estudiosos han explorado es la de una invasión por parte de los toltecas del centro de México u otro grupo cultural foráneo. Sin embargo, la mayoría de los estudiosos no creen que haya suficientes pruebas respecto a que una invasión militar colapsara la sociedad maya por sí misma.

Los estudiosos de Mesoamérica han propuesto continuamente la teoría acerca de las rutas comerciales por tierra que dominaban las tierras bajas, y que convirtieron a ciudades como Tikal y Calakmul en centros económicos de comercio, fueron sustituidas por rutas comerciales de ultramar que recorrían la península. El abandono de las rutas comerciales de las tierras bajas puede haber sido causado por la constante guerra de la región, ya que muchos mercaderes seguramente habrían elegido viajar por mar en lugar de atravesar las tierras bajas devastadas por la guerra. Esto habría desplazado la dinámica de poder de los mayas de Yucatán de las tierras bajas del sur y del centro a la región costera. La disolución de las rutas comerciales que conectaron al pueblo maya durante siglos seguramente habría provocado el deterioro de las ciudades de la región.

Una gran sequía generalizada que envolvió la región es la teoría más aceptada entre los estudiosos de Mesoamérica. Las investigaciones modernas han demostrado que la región experimentó una disminución del 40% de las precipitaciones anuales durante el periodo terminal. Una sequía habría impedido a la población cultivar la agricultura, de la que las ciudades se habían vuelto totalmente dependientes, y habría dañado muchos de los suelos fértiles de las tierras bajas. Mientras que las ciudades centrales habrían comenzado a colapsar rápidamente durante una sequía prolongada, las ciudades cercanas a la costa como Chichén Itzá se habrían visto mucho menos afectadas por la sequía, ya que tienen relativamente más fuentes de agua dulce.

Aunque mucha gente piensa que el corazón de los mayas es una selva tropical con abundancia anual, la región era especialmente propensa a las sequías prolongadas y tenía muy pocas fuentes de agua dulce. Hoy en día, muchos ecologistas se sorprenden al ver que el pueblo maya prosperó en una región del mundo tan inhóspita.

Los mayas combatieron su falta de fuentes permanentes de agua dulce con muchos métodos ingeniosos de recogida de agua de lluvia. Sin embargo, una grave y prolongada sequía pudo hacer que estas prácticas de almacenamiento de agua fueran insostenibles para las grandes poblaciones de las ciudades. Además, hay pruebas claras que estos suministros de agua estaban muy contaminados en el momento del colapso.

Los mayas eran unos de los agricultores más avanzados del mundo, ya que utilizaban una serie de técnicas e innovaciones para cultivar la tierra y alimentar a las grandes poblaciones de las ciudades. Sin embargo, el uso de prácticas agrícolas de tala y quema habría provocado una inmensa deforestación en todo el territorio maya. Esta inmensa y extendida degradación medioambiental habría tardado décadas en recuperar los bosques.

También hay algunas pruebas de revolución o rebelión de las poblaciones de las ciudades contra sus gobernantes. Muchos monumentos y estructuras sagradas fueron desfigurados y dañados en la época del colapso, lo que puede indicar que la población destruyó simbólicamente las estructuras sagradas de la clase dirigente antes de abandonar las ciudades.

Las ciudades que llegaron al poder tras el colapso del Clásico muestran un «culto divino» mucho menor a sus gobernantes, y parece que las poblaciones del Postclásico buscaron gobiernos más pragmáticos y seculares que los del Clásico. A medida que la sequía, la deforestación y la guerra envolvían la región, tendría sentido que las poblaciones del Clásico se volvieran rápidamente contra sus gobernantes, que predicaban que habían sido puestos divinamente en el trono por los dioses para proteger a su pueblo.

Aunque los estudiosos de Mesoamérica han estado buscando una teoría principal sobre el colapso del maya Clásico, lo más probable es que el colapso de las ciudades clásicas de las tierras bajas se debiera a una combinación de factores ambientales, económicos y políticos que quizá nunca se llegue a comprender completamente.

A pesar de la creencia popular que el colapso puso fin a la civilización maya, muchas regiones del corazón maya prosperaron después del siglo X, especialmente en la costa norte de la península.

Lo que ha desconcertado a muchos estudiosos es por qué las tierras bajas del centro y del sur no se repoblaron tras el colapso. Los centros urbanos del maya Clásico se caracterizaban por un ciclo constante de desarrollo, colapso y desembolso. Tras muchos ejemplos de «colapso», sobre todo durante el Preclásico, los mayas se desplazaron a otros lugares de la región y pronto surgieron nuevos centros urbanos.

Sin embargo, las tierras bajas del sur y del centro nunca volvieron a estar densamente pobladas después del colapso, lo que hace que los historiadores se pregunten a dónde fue esta gente. Lo más probable es que las poblaciones que abandonaron estas ciudades se desplazaran hacia el norte, a través de Yucatán, hacia la costa atlántica, mientras que otras viajaron hacia el este y el oeste, uniéndose a otras sociedades mesoamericanas.

Los métodos de almacenamiento de agua, junto con muchas otras innovaciones administrativas, se habían vuelto extremadamente complejos en el periodo Clásico. La repoblación de la región habría implicado una reconstrucción completa de estos sistemas de almacenamiento de agua, un proyecto masivo que requería mucha mano de obra y que tal vez no parecía valer la pena. También puede haber un elemento religioso o espiritual, ya que muchos pueden haber optado por no regresar porque creían que los dioses condenaban a las ciudades.

Cuando las grandes ciudades como Tikal se derrumbaron en el sur, las ciudades del norte como Chichén Itzá llenaron el vacío de poder y llevaron adelante la antorcha del maya Clásico. Sin embargo, el colapso del maya Clásico sin duda puso fin a la progresión de siglos desde las primitivas aldeas agrarias hasta los grandes templos de Tikal y Calakmul. El colapso de las ciudades mayas clásicas de las tierras bajas no significó el colapso de la civilización maya, pero esta nunca volvería a ser la misma.

Los logros artísticos y culturales de los mayas del Clásico fueron engullidos por la selva y dejados atrás cuando la población se dispersó hacia otros lugares. Durante el Postclásico, el pueblo maya sufriría una serie de enormes transformaciones al tratar de llenar el vacío que el colapso creó.

# Capítulo 9: Chichén Itzá: La ciudad maravilla

La ciudad de Chichén Itzá se encontraba en el actual municipio de Tinúm del estado de Yucatán, México, situado en el norte de la península de Yucatán. Chichén Itzá fue considerada una de las mayores ciudades mayas precolombinas y llegó a ser una de las más prósperas de Yucatán durante el periodo Clásico terminal.

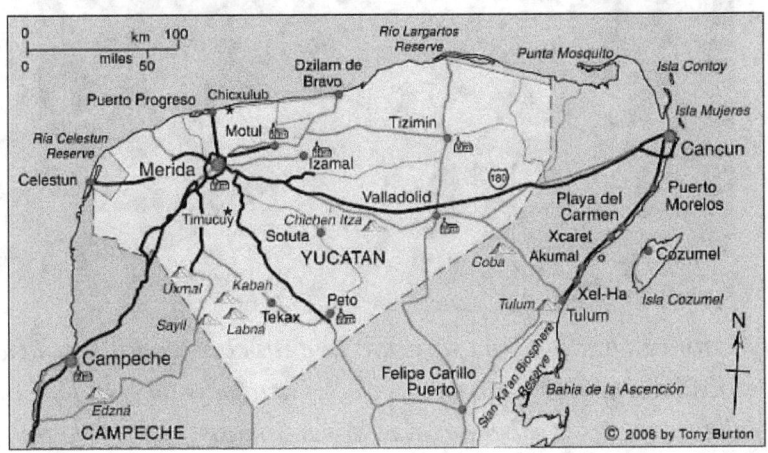

Un mapa de la parte superior de la península de Yucatán (Crédito: Geo-México)

Algunos expertos creen que la ciudad tenía una población especialmente diversa, lo que reflejaría la diversidad de estilos artísticos y arquitectónicos de la ciudad. Esto se debió, sobre todo, a la afluencia de migrantes mayas procedentes de ciudades como Tikal que viajaron al norte, hacia la costa, tras el colapso del periodo Clásico.

Cuatro sumideros diferentes, o «cenotes», sirvieron como principales fuentes de agua dulce para la población de la ciudad. También se ha demostrado que los cenotes se utilizaban para realizar sacrificios humanos al dios de la lluvia Chaac, como se ha encontrado en el más famoso de los cenotes, el Cenote Sagrado. En estos cenotes se encontraron muchos objetos sagrados habituales en los enterramientos mayas, como el jade, junto con restos humanos. La mayoría de los restos humanos encontrados eran de niños.

*El Cenote Sagrado. Se ha sugerido que muchos de los sacrificios humanos fueron asesinados antes de ser arrojados al cenote. Como solo algunos cenotes albergaban restos humanos, es posible que los mayas creyeran que ciertos cenotes conducían al inframundo (Crédito: Salhedine)*

El nombre de Chichén Itzá se traduce como «en la boca del pozo del Itzá», lo que probablemente hace referencia a los grandes cenotes y a la fuerte influencia de la cultura Itzá en la ciudad. Mientras que los estilos Itza-Puuc caracterizan la arquitectura de la parte norte de la ciudad, la parte sur está fuertemente influenciada por los estilos toltecas. Algunos estudiosos han planteado la hipótesis de que esto fue causado por una gran migración o una posible invasión de los toltecas. Sin embargo, la mayoría cree que simplemente refleja la interacción con la gran ciudad tolteca de Tula.

Desde principios del siglo X hasta mediados del XI, Chichén Itzá se convirtió en la ciudad más próspera de la península de Yucatán, con una población de 35.000 habitantes. Durante su apogeo, la ciudad aprovechó su ubicación privilegiada en la costa del norte de la península de Yucatán y se convirtió en una importante potencia económica de las rutas comerciales de las tierras bajas mayas.

La ciudad creó isla Cerritos como uno de los puertos más importantes de América Central. Como las tierras bajas del sur y del centro entraron en guerra constante durante el periodo Clásico, muchas rutas comerciales se vieron interrumpidas. Las rutas comerciales de ultramar alrededor de la península, en lugar de atravesarla, se hicieron más comunes, dando a las ciudades cercanas a la costa como Chichén Itzá una gran ventaja económica. Con su proximidad al mar, los comerciantes de Chichén Itzá podían navegar por todo el golfo de México, obteniendo artículos que eran raros en la región de Yucatán, como el oro y la obsidiana del centro de México.

<u>La distribución de la ciudad</u>

Las estructuras más prominentes del centro de la ciudad cubrían un área de alrededor de dos millas cuadradas, convirtiéndola en uno de los mayores centros urbanos del norte de Yucatán. Los ingenieros nivelaron el terreno en el centro de la ciudad para construir muchas de las estructuras más grandes de la misma.

La ciudad tenía muchas calzadas, o calles, que conectaban las distintas secciones de la ciudad con la plaza central. Estaba llena de edificios de piedra que cumplían diferentes funciones, desde viviendas hasta edificios administrativos utilizados por el gobierno. Las estructuras de la parte sur de la ciudad, llamada «Chichén Viejo», tenían muchas características del estilo arquitectónico Puuc que se originó en las tierras bajas del centro de Yucatán.

El Castillo, una pirámide de 98 pies situada en el centro de la ciudad, es el proyecto arquitectónico más destacado de Chichén Itzá. La construcción de la estructura no solo fue una hazaña arquitectónica impresionante, sino que también pone de manifiesto la sofisticación de sus conocimientos de astronomía y cronometría.

*Una imagen de El Castillo, también conocido como la Pirámide de Kukulkán (Crédito: Daniel Schwen)*

La pirámide se construyó con cuatro lados que tenían 91 peldaños cada uno y estaban orientados a todos los puntos cardinales. Los cuatro lados y sus peldaños suman 365, el número total de días del año. Durante los equinoccios de otoño y primavera, una gran sombra con forma de serpiente se proyecta por las escaleras. En la cima de la pirámide se encuentra una gran inscripción de una serpiente, que representa a uno de los dioses mayas. El Castillo se construyó sobre otro templo más antiguo dedicado al dios jaguar del inframundo. En el periodo Clásico, esto era una práctica común en las ciudades mayas.

El detalle y la reflexión que se puso en la construcción de El Castillo muestran la gran amplitud de conocimientos y creencias que impregnaban la sociedad maya y cómo se entrelazaban con sus grandes hazañas arquitectónicas.

Las excavaciones han demostrado que existía un gran mercado debajo de las pirámides, lo que sugiere que la gran plaza se utilizaba para que las grandes multitudes vieran los rituales que tenían lugar en la cima de la pirámide y se reunieran con sus conciudadanos para hacer compras.

El Caracol, una gran estructura utilizada como observatorio para los astrónomos de la ciudad, se construyó en algún momento antes del siglo IX. Muchos estudiosos creen que este edificio se utilizaba para ver a Venus y puede haber estado dedicado a Kukulkán, el dios maya del viento.

El Templo de los Guerreros es un complejo que se construyó en algún momento entre los siglos IX y XI. Las paredes del templo estaban decoradas con grandes representaciones de guerreros mayas y de la batalla y tiene muchas inscripciones de serpientes emplumadas. El templo se parece mucho a uno similar encontrado en la capital tolteca de Tula, lo que ha llevado a muchos historiadores a sugerir que hubo una considerable difusión cultural entre las dos ciudades.

*El Templo de los Guerreros. Muchos de los murales del interior del complejo representan batallas y guerreros (Crédito: Keith Pomakis)*

Chichén Itzá también alberga el mayor campo de juego de pelota de Mesoamérica, con 1,5 metros de largo y 7 metros de ancho. Hay muchas inscripciones en las paredes de la cancha que muestran a los jugadores victoriosos exhibiendo las cabezas decapitadas de sus oponentes.

Existen numerosas teorías sobre cómo se jugaba a la pelota. La mayoría cree que el objetivo del juego era evitar que la pelota tocara el suelo golpeándola contra las paredes, probablemente con las caderas de los jugadores. La pelota utilizada era de goma y podía pesar hasta nueve libras. Aunque lo más probable es que la población de la ciudad jugara a menudo de forma recreativa, las inscripciones del campo de juego de pelota de Chichén Itzá indican que pudo haber un elemento ritual en el juego.

*El campo de juego de pelota de Chichén Itzá (Crédito: Bjørn Christian Tørrissen)*

Con vistas al campo de juego de pelota, el Templo del Jaguar es un gran complejo de templos con muchas inscripciones de las deidades mayas de las serpientes emplumadas y una gran representación de una batalla. En el templo inferior del complejo hay un trono decorado con una inscripción de una figura de jaguar, similar al trono de El Castillo.

Junto al Gran Juego de Pelota estaba el Templo del Hombre Barbudo, un pequeño templo que tiene una inscripción de un hombre grande y barbudo. Justo enfrente del Templo del Hombre Barbudo hay una estructura más grande, pero fue destruida hasta quedar irreconocible.

El azul maya y el sacrificio

Durante el apogeo de la ciudad, estos edificios habrían sido pintados en una gama de colores festivos. La metrópolis de Chichén Itzá habría tenido un aspecto muy diferente al de las monótonas ruinas de piedra que se encuentran en el sitio moderno.

Uno de los colores más populares utilizados en ciudades mayas como Chichén Itzá era el «azul maya». Este pigmento se utilizaba en todas las ciudades en esculturas, cerámicas y murales. El color turquesa proviene de la combinación de material vegetal índigo y mineral de palygorskita. Estos ingredientes se combinaban en pequeños hornos a altas temperaturas de hasta 200 grados Celsius.

El pigmento es extremadamente resistente y duradero, ya que muchos murales y objetos aún conservan rastros visibles del color a pesar de siglos de erosión.

*Un ejemplo de obra de arte maya que utiliza el azul maya (Crédito: Constantino Reyes)*

Los artistas mayas empezaron a utilizar el color para pintar murales durante la última parte de la era Preclásica, y el uso del pigmento pronto empezó a extenderse a monumentos, estelas y cerámica por todas las ciudades. Era el color principal de Chaak, la deidad de la lluvia, que también era la figura central de los sacrificios humanos mayas.

Cuando los sacerdotes de la ciudad preveían una sequía, solían elegir una víctima para un derramamiento de sangre no letal o, en casos más graves de sequía, para un sacrificio humano. Para apaciguar a Chaak, una víctima era pintada completamente con el pigmento y sacrificada en la plaza central de la ciudad.

El alcance de los sacrificios humanos en los mayas es desconocido para los estudiosos, ya que las inscripciones y representaciones de los sacrificios dejadas por los mayas han mantenido el tema en el misterio en cuanto a sus métodos y frecuencia. Sin duda, los prisioneros de guerra eran los más utilizados para los sacrificios. Las víctimas podían ser decapitadas o destripadas, muy probablemente en una ceremonia ritual dirigida por los sacerdotes de la ciudad. Ejemplos más extremos, como ser arrojados a los cenotes de Chichén Itzá, fueron muy probablemente sucesos muy raros.

La captura de reyes y otros miembros de la realeza de una ciudad rival solía dar lugar a ejecuciones y sacrificios públicos. Estos asesinatos celebraban la victoria política de derrotar a un líder rival y daban espiritualmente a los dioses sangre real.

Es probable que la mayoría de los sacrificios no fueran letales, ya que los objetos ceremoniales y los artefactos se entregaban simbólicamente a los dioses como sacrificios materiales. También se practicaba con frecuencia el «desangrado», cuando los ciudadanos de la ciudad se hacían pequeños cortes no letales en el cuerpo como sacrificio de sangre.

### Historia temprana

La ciudad se pobló y construyó por primera vez entre los siglos VI y VIII y se desarrolló aún más a lo largo de los siglos X y XI, cuando se convirtió en un próspero centro de comercio para Yucatán.

A pesar de su ubicación cerca de la costa del golfo, el norte de Yucatán se considera una de las regiones más secas y áridas del corazón maya. Chichén Itzá se convirtió probablemente en un lugar ideal para los colonos debido a los numerosos suministros de agua situados en sus sistemas de cuevas naturales y sumideros.

Ascenso al poder

La ciudad ya había cobrado importancia a principios del siglo VII, al convertirse en una ciudad comercial regional vital en las tierras bajas del norte. Con el declive de muchas de las grandes ciudades del sur (como Tikal), Chichén Itzá se convirtió en el poder político, cultural y económico dominante de las tierras bajas mayas a finales del siglo IX.

Antes que Chichén Itzá alcanzara el dominio regional, las dos ciudades vecinas de Yaxuná y Cobá, que eran estrechas aliadas, comenzaron a declinar. Algunos expertos creen que Chichén Itzá pudo haber jugado un papel directo en el declive de estas ciudades, ya sea por intervención directa o simplemente por competir con ellas económicamente.

Después de disfrutar de un período de prosperidad regional, la ciudad comenzó a declinar alrededor del año 900. Durante esta época, llegó a la ciudad una afluencia de emigrantes de la cultura itzá del sur y comenzó a revitalizar la mitad norte de la ciudad. A lo largo del siglo X, la ciudad vecina de Uxmal, estrecha aliada de Chichén Itzá, decayó rápidamente y allanó el camino para que Chichén Itzá ascendiera de nuevo al poder.

Declive

La evidencia muestra que a principios del siglo XII, la ciudad había declinado como una ciudad más débil en la región, marcando el ascenso de la ciudad vecina de Mayapán. Durante este periodo, Chichén Itzá se alió tanto con Mayapán como con Uxmal, lo que se conoce como la Liga de Mayapán, de la que se hablará en la cuarta parte.

Cuando los conquistadores españoles llegaron a Chichén Itzá, observaron que una gran población seguía viviendo en la ciudad. Sin embargo, algunos expertos creen que esta población pudo haber estado viviendo en las afueras de las ruinas de la ciudad. Los españoles también observaron que el Cenote Sagrado seguía siendo un lugar sagrado para los mayas.

Hoy en día, Chichén Itzá es uno de los sitios más visitados de Mesoamérica debido a sus numerosas y grandes estructuras y monumentos como El Castillo. Aunque solo mantuvo su dominio regional del norte de Yucatán durante un breve periodo de tiempo tras el colapso del maya Clásico, la ciudad demostró ser digna de llevar la antorcha de las ciudades del Clásico hacia el sur.

Los impresionantes logros de la población de la ciudad, su mezcla de influencias itzáicas y toltecas, y su prosperidad económica cerca de las rutas comerciales de ultramar demostraron que, a pesar del colapso de las grandes ciudades del Clásico, la civilización maya estaba más viva que nunca. El declive de Chichén Itzá marcó el inicio de una nueva era en el norte de Yucatán, cuando la ciudad de Mayapán se convirtió en la más poderosa de la región.

# TERCERA PARTE: LA ERA MAYA POSTCLÁSICA (900-1511 d. C.)

# Capítulo 10: El reino K'iche' de Q'umarkaj

Q'umarkaj

El reino de Q'umarkaj (también llamado Utatlán en lengua maya) estaba situado en el altiplano de Guatemala. La ciudad fue creada por el rey Q'uq'umatz, que se traduce como «Serpiente Emplumada» en la lengua k'iche' a principios del siglo XV.

Q'umarkaj estaba situada en una gran meseta del altiplano guatemalteco, a 1,6 millas al oeste de la moderna ciudad de Santa Cruz del Quiché. El yacimiento arqueológico tiene una superficie de 1.300.000 pies cuadrados, lo que lo convierte en uno de los mayores sitios de las tierras altas mayas. En su apogeo, la ciudad de Q'umarkaj y sus alrededores tenían una población de 15.000 personas.

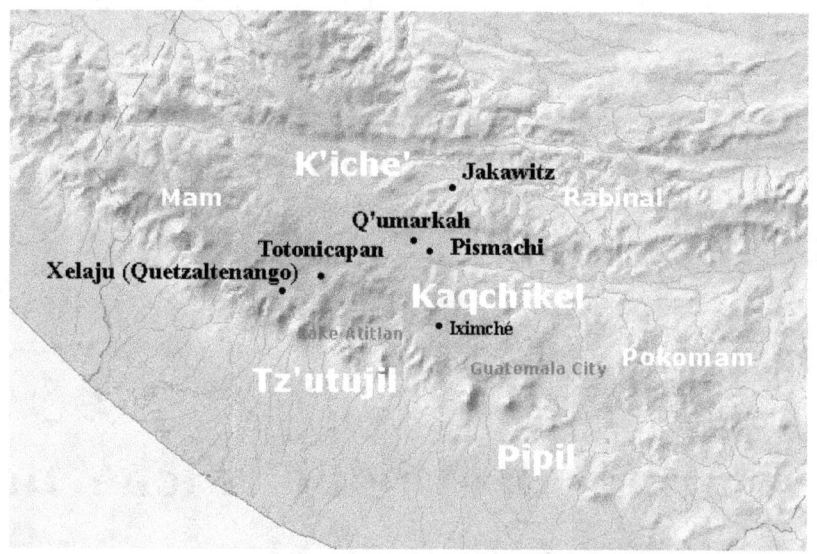

*Este mapa muestra los centros importantes de K'iche', que se encuentra en el sur de Guatemala (Crédito: Maunius)*

Había un orden socioeconómico muy arraigado en la ciudad, ya que los k'iche' comprendían tres linajes diferentes: Los nima eran la élite gobernante, los tamub eran comerciantes y los ilok'ab eran los principales guerreros de los k'iche'.

Fundación de la ciudad

El origen exacto de los pueblos de habla k'iche' sigue siendo objeto de debate entre los estudiosos. Sin embargo, la mayoría está de acuerdo en que lo más probable es que fueran originarios de la región de Tabasco, en la costa del golfo de México. Estos pueblos viajaron a lo largo de la costa del golfo y a través de las tierras bajas del sur para llegar a la ciudad, aunque algunos estudiosos creen que pueden haber viajado a lo largo de la costa del Pacífico para llegar a las tierras altas de Guatemala. La mayoría de estos pueblos probablemente hicieron el viaje alrededor del declive de Chichén Itzá en el norte de Yucatán, en algún momento del siglo XII.

## La distribución de la ciudad

La ciudad contaba con once plazas rodeadas por un conjunto de templos y complejos, todos ellos elevados sobre una serie de terrazas. Todas estas estructuras tienden a ser del mismo tamaño, aunque las estructuras que rodean la plaza central son las más grandes de la ciudad.

Una gran serie de zanjas separaba la zona administrativa de élite de la mayoría de las zonas residenciales, lo que refleja las profundas divisiones socioeconómicas de la ciudad. Muchas de estas casas parecen tener marcadores culturales que difieren en gran medida de las estructuras de la élite de la ciudad. Esto ha hecho que muchos estudiosos planteen la hipótesis de que la ciudadanía de la ciudad fue posiblemente conquistada por una población que se convirtió en la clase dirigente de élite tras la conquista y permitió a sus ciudadanos conservar su identidad cultural.

## Historia temprana

Los k'iche' eran un pueblo maya que se asentó en el altiplano alrededor del año 600 a. C. Hay evidencias arqueológicas que indican que la región estuvo poblada en cierta medida desde el período Preclásico, pero la mayoría de los artefactos de la ciudad están fechados en el Postclásico. Durante el Postclásico tardío, el área de la ciudad probablemente tenía alrededor de 15.000 personas viviendo en ella.

Las capitales del reino K'iche' estaban originalmente en Jakawitz y luego en Pismachi, pero a principios del siglo XV, el rey Q'uq'umatz eligió la zona por su gran posición defensiva natural en la alta meseta. El rey Q'uq'umatz mantendría un legado espiritual entre los k'iche' después de su muerte, ya que se le describía como una figura mítica que podía transformarse en varios animales.

Orden político

Las facciones socioeconómicas dentro de la sociedad k'iche' son profundas, ya que los nobles, o «ajaw», afirmaban ser descendientes de los invasores extranjeros de la costa del golfo que conquistaron la región a principios del siglo XIII. Los invasores se hicieron con el poder político de la región y abandonaron muchas de sus tradiciones culturales del golfo, integrándose plenamente en la cultura k'iche' de sus súbditos conquistados.

Los vasallos de los k'iche', o «al k'ajol», constituían las clases bajas de la sociedad de las tierras altas. Servían como trabajadores, agricultores y soldados y, por lo general, no tenían ninguna oportunidad de ascender en el sistema político. Los vasallos, sin embargo, podían obtener altos títulos en el ejército por mostrar valentía y habilidad en el campo de batalla. Los mercaderes ocupaban un lugar ligeramente superior en la escala socioeconómica que los vasallos, pero estaban obligados a pagar tributos a la clase noble.

El reino estaba regido por un gobierno compuesto por cuatro poderosas figuras: el rey, el rey electo y dos capitanes. Cada uno de estos gobernantes pertenecía a los linajes más célebres de la ciudad.

Expansión

A lo largo del siglo XV, los k'iche' empezaron a expandir gradualmente su territorio por toda la región y crearon una poderosa alianza con los kaqchikel, un poderoso pueblo maya de las tierras altas del medio oeste.

Durante este periodo, Q'uq'umatz ofreció al gobernante de los k'oja, una cultura maya cercana de las montañas de Cuchumatán, a su hija en matrimonio. Sin embargo, los k'oja mataron a la hija de Q'uq'umatz cuando esta llegó a su territorio. Esto desencadenó una sangrienta guerra entre las dos ciudades.

El rey Q'uq'umatz acabó muriendo en la batalla mientras luchaba contra los k'oja y fue sucedido por su hijo, K'iq'ab, que juró derrotar a los k'oja. Entró en la ciudad de K'oja con una gran fuerza militar, mató al rey y saqueó la ciudad. También recuperó los restos de su padre y se llevó un gran número de prisioneros, así como numerosos y valiosos artefactos de jade. Los militares k'iche' también pusieron bajo su control muchas zonas cercanas a K'oja tras la victoria.

K'iq'ab continuó trayendo una gran prosperidad al reino al realizar grandes conquistas militares que expandieron el territorio k'iche' hasta el río Okos en el oeste y el río Motagua en el este.

<u>Declive</u>

A medida que el territorio de K'iq'ab se expandía, estalló una guerra civil en Q'umarkaj cuando los vasallos intentaron derrocar a la clase real. Dos de los hijos de K'iq'ab se unieron a los vasallos y mataron a muchos nobles de alto rango de la ciudad. Los miembros de alto rango de los guerreros kaqchikel aliados se vieron obligados a huir a su territorio.

K'iq'ab estuvo a punto de ser asesinado durante el levantamiento, pero huyó a la periferia de la ciudad con algunas tropas que le seguían siendo fieles. El rey aceptó hacer algunas concesiones a los rebeldes, lo que creó una nueva clase noble de señores. K'iq'ab murió poco después, en 1475. A pesar de la gran expansión territorial que caracterizó su reinado, la ciudad era mucho más débil que cuando subió al trono, en gran parte debido al malestar interno de la estructura política de la ciudad y a la disolución de su alianza con Kaqchikel.

Tras la muerte de K'iq'ab, la ciudad se vio envuelta en una sangrienta guerra con sus vecinos, incluidos los tz'tutjil y su antiguo aliado, los kaqchikel. Los k'iche' intentaron conquistar la capital de los kaqhickel, pero fueron derrotados. Esto provocó un fuerte declive del poder militar y político de los k'iche' en la región.

Cuando los conquistadores españoles llegaron al altiplano guatemalteco en 1524, la ciudad de Q'umarkaj era una sombra de lo que fue durante el siglo XV. Q'umarkaj se despojó por completo de su antigua gloria debido a su disfuncional sistema político interno y a su ansia de expansión territorial.

# Capítulo 11: La Liga de Mayapán

La Liga de Mayapán fue formada en 987 d. C. por el gobernante maya Ah Mekat Tutul Xiu. La liga era una alianza política entre las ciudades del norte de Yucatán, Chichén Itzá, Mayapán y Uxmal. La liga se centró en la ciudad de Chichén Itzá, que fue la más poderosa de la región durante el Posclásico temprano. La liga también se componía de muchas ciudades y pueblos más pequeños en toda la región, pero no está claro el poder que tenían estas ciudades más pequeñas en lo que respecta a la gobernanza.

Lo más probable es que esta liga se creara debido al desmoronamiento de las grandes ciudades del Clásico en el sur, ya que los mayas del norte de Yucatán temían que la creciente guerra se extendiera al norte o que una afluencia de migrantes desesperados se apoderara de la región. La creación de la liga también fue causada, sin duda, por las fuertes sequías y la interrupción de las rutas comerciales que caracterizaron la época. Es posible que los mayas yucatecos del norte hubieran tratado de llevar adelante y poner en práctica la conclusión más importante del colapso del maya Clásico: que la falta de paz, estabilidad y cooperación causó el declive de las mayores ciudades de las tierras bajas. La alianza se creó para mantener una apariencia de gobierno centralizado en la región, promoviendo la paz y el comercio entre los mayas yucatecos del norte.

Sin embargo, a lo largo del Postclásico, la liga comenzó a desmoronarse rápidamente debido a las luchas internas entre las tres ciudades. Mayapán fue sustituyendo a Chichén Itzá como la ciudad más poderosa del norte de Yucatán.

Mayapán

Mayapán estaba situada a 100 kilómetros al oeste de Chichén Itzá y se convirtió en la ciudad más poderosa del norte de Yucatán desde principios del siglo XIII hasta mediados del siglo XV. Se han encontrado más de 4.000 estructuras a lo largo de su yacimiento arqueológico, y los expertos creen que hasta 17.000 personas podrían haber vivido en la ciudad durante su apogeo.

Mayapán, que se traduce como «estandarte de los mayas», fue la última gran capital de los mayas en el norte de Yucatán y se considera una de las ciudades más densamente pobladas que han existido. La ciudad fue formada durante el siglo XI por los Cocom, una familia de élite de Chichén Itzá que huyó debido a la rivalidad política.

*El templo de Kukulkán. Es similar al de Chichén Itzá, aunque los arqueólogos consideran que este último es muy superior en términos de artesanía (Crédito: Pavel Vorobiev)*

La ciudad fue abandonada bruscamente a mediados del siglo XV, y hay indicios del posible incendio de parte de la ciudad. Las pruebas arqueológicas apuntan a un aumento de la guerra en el norte de Yucatán a lo largo de los siglos XIV y XV, y para el declive de Mayapán se habían construido grandes fortificaciones defensivas alrededor de la ciudad.

## Uxmal

Uxmal fue una poderosa ciudad del norte de Yucatán desde el año 850 hasta el 900 d. C., durante el periodo Clásico terminal. A partir del año 1000, la población de la ciudad comenzó a abandonarla, posiblemente emigrando a las ciudades cercanas de Chichén Itzá y Mayapán. Hacia el año 1200 la ciudad estaba casi abandonada.

La ciudad fue fundada por los Tutal Xiues, un pueblo maya que viajó hacia el este desde la costa del golfo hasta el norte de Yucatán en algún momento del Clásico tardío. Lo más probable es que la ciudad se uniera a la Liga de Mayapán durante su declive, convirtiéndose en la ciudad más débil de la alianza.

## Influencia tolteca y posible invasión

La disposición arquitectónica de Chichén Itzá ha sido durante mucho tiempo un tema de debate entre los estudiosos mayas, ya que algunos creen que la presencia de influencias toltecas en la ciudad puede apuntar a una invasión tolteca de los centros urbanos del norte de Yucatán. Tanto la ciudad de Mayapán como la de Uxmal tenían también muchas características arquitectónicas/culturales toltecas, por lo que muchos apuntan a que la Liga de Mayapán se formó en parte debido a una herencia cultural tolteca compartida.

Muchos estudiosos que trabajaron en los programas de investigación de la Institución Carnegie de Washington de mediados del siglo XX llegaron a la conclusión que, antes de la posible invasión del Postclásico, Chichén Itzá estaba poblada por un grupo cultural maya diferente, lo que significa que los itzá acabarían apoderándose de la ciudad durante el Postclásico eran los toltecas de Tulla.

Sin embargo, los estudios recientes han refutado en gran medida esta teoría. La mayoría de los académicos sostienen ahora que los itzá de Chichén Itzá simplemente tuvieron grandes relaciones comerciales y diplomáticas con los toltecas de Tulla, lo que moldeó sus estilos culturales y arquitectónicos.

Disolución de la Liga

Hacia 1175 la liga comenzó a desintegrarse. Aunque la arqueología aún no ha demostrado la siguiente narración de la disolución de la liga, se cita en múltiples fuentes mayas y es aceptada por muchos estudiosos mesoamericanos.

Ceel Cauich Ah fue arrojado al Cenote Sagrado de Chichén Itzá y de alguna manera logró sobrevivir. Debido a la naturaleza sagrada del cenote para el pueblo maya, Ceel Cauich Ah se proclamó gobernante divino de la región. La mayor parte de la población de Chichén Itzá no lo aceptó como gobernante, mientras que gran parte de la población de Mayapán sí lo hizo.

Tras la disolución de la liga, Chichén Itzá fue sustituida por Mayapán como la mayor ciudad del norte de la península. La ciudad de Uxmal declaró la guerra a los Cocom de Mayapán en 1441, poniendo fin oficialmente a la liga.

# Capítulo 12: Petén Itzá: El último reino maya

El último gran reino maya fue el de Petén Itzá, que giraba en torno a la ciudad de Nojpetén. En todo el yacimiento arqueológico de la ciudad hay 21 templos sagrados. La ciudad fue considerada como uno de los centros centrales de los Itzá durante el periodo Postclásico.

La ciudad estaba aislada en una isla del lago Petén, y parece que no había puentes ni otras estructuras que conectaran la ciudad con el resto de las tierras bajas. La ciudad permaneció relativamente aislada desde el punto de vista político y diplomático, ya que solo tenía relaciones con las ciudades itzá de Chakok'at, Ch'ich y Chakan. En la época de la conquista española, se calcula que vivían en la ciudad unas 60.000 personas.

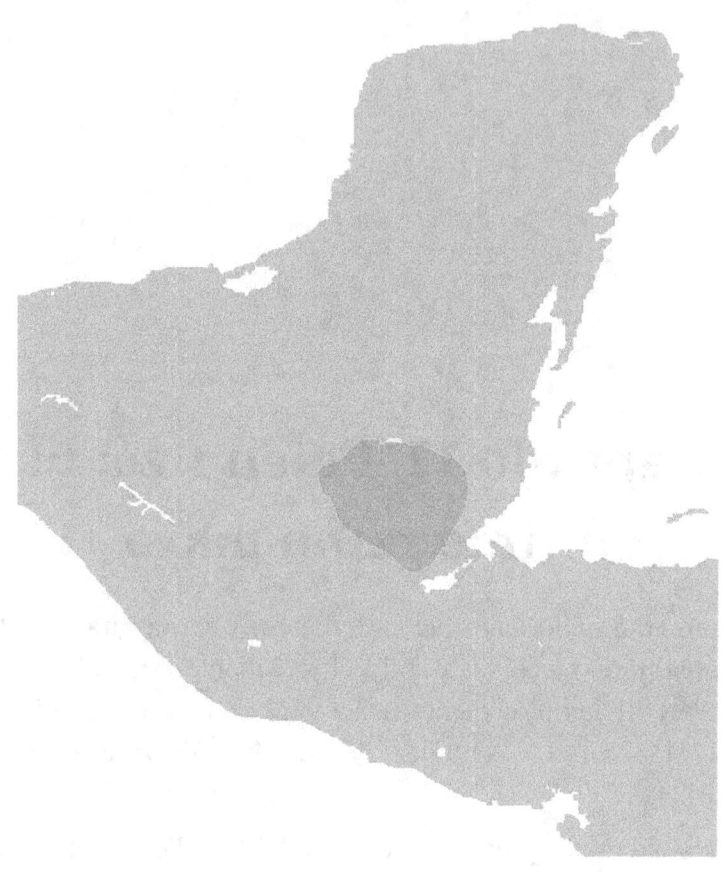

*La ubicación de Petén Itzá (Crédito: Mabarlabin)*

El lago Petén es la mayor masa de agua del corazón maya y fue el hogar de los mayas itzá durante siglos. La región de los lagos de Petén comprendía un grupo de ocho grandes lagos unidos entre sí que se extendían 80 kilómetros de este a oeste. Sus fuentes de agua dulce son un pequeño número de arroyos estacionales que fluyen por toda la zona. El lago más grande de la región es, con mucho, el lago Petén Itzá, que tiene una superficie de unos 100 kilómetros.

El pueblo Itzá

Los itzá no eran un pueblo culturalmente unificado, sino que estaban formados por diferentes y poderosos clanes familiares que gobernaban la zona. Los itzá también tuvieron gran influencia en las ciudades de Chichén Itzá y Mayapán, en el norte de Yucatán, durante el Postclásico. Es muy probable que una gran proporción de la población itzá de estas regiones del norte emigrara hacia el sur, hacia el lago, durante el declive de Chichén Itzá y Mayapán, hasta la llegada de los españoles.

Tanto los itzá del norte como los del sur eran conocidos como algunos de los mayores comerciantes de Mesoamérica, supervisando las rutas comerciales de larga distancia desde el centro de México hasta las regiones del sur de Centroamérica.

Lo más probable es que el pueblo itzá se originara en la cuenca del Petén de las tierras bajas del sur, con una gran proporción de su población migrando hacia el norte de Yucatán durante el colapso de las tierras bajas, y luego una gran ola de migrantes itzá bajando a Petén tras el colapso de la Liga de Mayapán.

La comunidad académica aún no ha llegado a un consenso sobre los orígenes de los itzá como reino unificado y sobre cuándo empezaron a ganar influencia política en los lagos de Petén. Múltiples inscripciones encontradas en ciudades mayas del actual Belice, así como en ciudades del norte como Chichén Itzá, parecen mencionar interacciones con un líder itzá durante el periodo Clásico tardío.

El gobierno de Petén Itzá

A la llegada de los españoles en el siglo XVI, la región del Petén se había convertido en una región política bien organizada y jerarquizada, gobernada por una serie de familias itzá de élite, que se asemejaba mucho a las estructuras gubernamentales de las ciudades itzá del norte, como Chichén Itzá.

Muchos historiadores creen que la amplia influencia de los itzá tanto en las tierras bajas del norte como en las del sur, sugiere una gran fuerza militar que integraba a sus pueblos conquistados en la sociedad itzá. Después de conquistar una población, lo más probable es que los alentaran a casarse con familias de élite, lo que permitiría que algunos de los pueblos conquistados se convirtieran en miembros de la realeza de alto rango en la sociedad itzá. Esto no solo proporcionaba al conquistador itzá grandes ciudades y poblaciones ya bien establecidas sobre las que expandirse, sino que también disminuía la probabilidad de rebelión o malestar político dentro de sus estructuras gubernamentales. Al convertir a los pueblos conquistados en una parte poderosa del gobierno itzá, los itzá pudieron extender su influencia por todo el territorio maya sin alienar o diezmar a las poblaciones de sus compañeros mayas.

El gobernante del pueblo Petén Itzá a lo largo de los siglos XVI y XVII siempre recibió el título de «Ajaw Kan Ek» en los registros españoles. Vivía en la capital isleña de Nojpetén y ocupaba el más alto cargo gubernamental de toda la región de Petén.

Los gobiernos de las provincias de Itzá se componían generalmente de ocho personas. Estos ocho funcionarios se dividían en pares de menor a mayor en función de los puntos cardinales. Por ejemplo, el consejo de gobierno de una de las provincias occidentales estaba formado por un funcionario superior que supervisaba los asuntos de la provincia, mientras que un funcionario inferior supervisaba el pueblo más grande de esa provincia.

La gran confederación Itzá, que actuaba como un reino unificado de la región de Petén, estaba compuesta por un consejo de gobierno formado por los cuatro altos funcionarios provinciales, junto con trece «ach kats» que gobernaban los pequeños asentamientos de la periferia de la confederación.

El territorio que controlaban los itzá durante su apogeo aún no se conoce del todo, aunque está claro que eran unos de los mayores agricultores de la región, con campos que se extendían por las tierras bajas del centro-sur.

## Contacto con los españoles

Tras conquistar el imperio azteca del centro de México, el conquistador español Hernán Cortés pasó por la región de Petén Itzá. En marzo de 1525, la fuerza expedicionaria llegó a la orilla del lago Petén Itzá, donde el gobernante Aj Kan Ek lo recibió. Tras presenciar la misa católica, Aj Kan Ek se convirtió inmediatamente al cristianismo e invitó a los hombres a la ciudad de Nojpeten.

Después del encuentro, ninguna otra fuerza española intentó entrar en la cuenca del Petén durante casi un siglo, sobre todo debido a su impenetrable cobertura de selva. En 1618, dos misioneros españoles partieron del asentamiento de Mérida para convertir a los itzá del Petén. El gobernante del Petén Itzá acogió a los misioneros, pero se negó a abandonar la religión nativa maya. Después que uno de los misioneros intentara destruir la estatua de una deidad, la población nativa comenzó a agitarse ante los visitantes. Solo después que uno de los misioneros dirigiera un sermón pacífico, los nativos se calmaron. Los españoles se marcharon poco después y establecieron una relación amistosa con el gobernante del Petén Itzá.

Al año siguiente, los misioneros volvieron al lago Petén y fueron de nuevo bien recibidos por el gobernante. Sin embargo, los sacerdotes de la ciudad veían cada vez más a los españoles como una amenaza para su religión y convencieron al gobernante para que los desterrara del reino. Una fuerza militar maya rodeó repentinamente la vivienda de los misioneros, y los españoles se vieron obligados a salir río abajo en una canoa.

Tras los intentos fallidos de evangelización, el capitán español Francisco de Mirones se lanzó a la conquista de Petén Itzá en 1622. Un misionero llamado Diego Delgado también viajó con la fuerza, pero se desilusionó cada vez más por el trato que los conquistadores daban a los indígenas. Delgado se separó de Mirones con su propia fuerza expedicionaria, formada en gran parte por mayas evangelizados de las tierras bajas del este. Al entrar en la ciudad de Nojpetén, que no había encontrado misioneros cristianos desde 1618, fueron tomados inmediatamente como prisioneros y luego sacrificados a los dioses. A la llegada de Mirones, él y sus hombres fueron encontrados desarmados en una iglesia cercana por los guerreros de Petén Itzá y fueron masacrados. Estas dos misiones fallidas en Petén Itzá detuvieron todos los intentos españoles de conquistar o evangelizar la región hasta 1695.

En 1695 Martín de Ursúa y Arizmendi, gobernador de la provincia de Yucatán, comenzó a construir un camino desde el oeste de Yucatán hasta el lago Petén. El misionero Andrés de Avendaño viajó por el camino y llegó a la orilla del lago Petén ante un grupo de Itzá que le dio la bienvenida. El gobernante del Petén Itzá llegó al día siguiente, invitando al grupo misionero a entrar en Nojpetén. Durante su estancia en la ciudad, Avendaño bautizó a muchos de los niños de la ciudad e hizo varios intentos de convertir al gobernante de Petén Itzá. El gobernante dijo que no era el momento adecuado para su conversión y que Avendaño debía volver en unos meses para evangelizar con éxito a la población. El gobernante descubrió un complot ideado por una facción de la ciudad para matar a Avendaño y rápidamente les aconsejó que abandonaran la ciudad.

En diciembre de ese año, el gobernante de Itzá envió mensajeros a Mérida para que se rindiera a la corona española. El conquistador Pedro de Zubiaur viajó a Petén con una pequeña fuerza militar, pero fue emboscado por una gran fuerza maya. Muchos de los españoles murieron o fueron hechos prisioneros, y cuando una fuerza de socorro llegó al día siguiente, también fue derrotada por los guerreros mayas. Tras esta conquista fallida, Martín de Ursúa comenzó a planear un ataque masivo a la región de Petén Itzá.

Ursúa condujo su ejército al lago Petén en 1697, y el gobernante de Petén envió inmediatamente un grupo de enviados que se rindió a los españoles. Ursúa aceptó la rendición e invitó al gobernante a visitar su campamento en la orilla del lago al día siguiente. Sin embargo, al día siguiente, en lugar de la llegada programada del gobernante, una fuerza masiva de guerreros mayas comenzó a rodear el campamento español. Sabiendo que la única manera de conquistar la región era con la fuerza militar, Ursúa dirigió a sus hombres en un asalto a Nojpetén. Muchos de los defensores de la ciudad murieron en la batalla que siguió por la isla, y los españoles tuvieron muy pocas bajas. Ursúa rebautizó la ciudad con el nombre de «Nuestra Señora del Remedio y San Pablo, Lago del Itzá».

# CUARTA PARTE: CONTACTO Y CONQUISTA ESPAÑOLA (1511-1697 d. C.)

# Capítulo 13: Primeros encuentros y exploración de Yucatán

Durante el Postclásico tardío, las fuerzas españolas llegaron a la península de Yucatán. Comenzaron una estrategia de acorralamiento de los mayas locales en pequeños asentamientos coloniales que probablemente se parecían a los campos de concentración o internamiento modernos. Muchos de los mayas huyeron a zonas remotas de la selva o se unieron a otras ciudades que los españoles aún no habían conquistado.

    El orden político diverso y desarticulado del Yucatán maya supuso un reto para los conquistadores españoles, ya que no había una ciudad, un estado o una autoridad central que pudiera ser derrocada, como ocurrió con los aztecas del centro de México. En cambio, los españoles se vieron obligados a conquistar la región ciudad por ciudad, pueblo por pueblo. Los españoles abordaron este problema aprovechando las rivalidades políticas entre las poblaciones mayas, estableciendo alianzas que enfrentaban a las ciudades entre sí.

Los mayas que optaron por resistir lucharon en una guerra de guerrillas contra los invasores españoles y sus aliados, utilizando principalmente tácticas de emboscada. Aunque los españoles disponían de un armamento muy superior, que incluía artillería de pequeño calibre, espadas de acero y caballería, los guerreros mayas demostraron ser fieros combatientes que utilizaron el terreno de la región en su beneficio. La caballería española se convirtió en el mayor factor determinante en las batallas a lo largo de las conquistas. Las cargas de la caballería española eran muy eficaces contra los ejércitos europeos, pero contra los mayas (que nunca habían visto caballos), estas cargas solían provocar una retirada inmediata y frenética.

Aún más mortífera que los propios invasores españoles fue la plétora de enfermedades que trajeron a la región. Enfermedades como la viruela, el sarampión y, finalmente, la malaria hicieron estragos en las poblaciones locales de toda América, y tanto en las tierras altas como en las bajas de los mayas se registraron enormes tasas de mortalidad por estas enfermedades a lo largo del siglo XVI.

Prejuicios

Los siguientes capítulos explorarán las conquistas españolas del corazón maya: un período de tiempo en el que el pueblo maya tuvo su primer sabor amargo del colonialismo europeo, ya que los españoles intentaron conquistar una población indígena que luchó ferozmente por la supervivencia tanto de su cultura como de su pueblo.

Se debe señalar que la mayor parte de lo que se sabe sobre estas conquistas procede de fuentes españolas, que solían tener un sesgo eurocéntrico al describir a los mayas como salvajes que necesitaban ser civilizados por la alta cultura europea. (Al igual que los mayas hicieron registros históricos sesgados que describen a los españoles como brutos asesinos). Nunca sabremos el alcance total de las atrocidades españolas contra el pueblo maya, ni la exactitud total de las representaciones españolas del «salvajismo» maya, como los sacrificios humanos.

Por muy tendenciosas que sean estas fuentes, desgraciadamente son la única manera de empezar a entender las conquistas de las Américas. Es posible que nunca se conozca del todo la exactitud de estos detalles, historias y representaciones. Sin embargo, al ofrecer una narración detallada y objetiva de las fuentes españolas y mayas, se puede empezar a descubrir una visión general de este periodo de enorme transformación y cambio en la civilización maya.

Primeros encuentros

Se cree que la primera vez que los españoles se encontraron con los mayas de Yucatán fue en 1502, cuando una expedición dirigida por el famoso explorador español Cristóbal Colón se encontró con comerciantes mayas en la costa de la península.

Colón desembarcó en la isla de Guanaja, frente a la costa de Honduras, durante su cuarta expedición a América. Luego envió a su hermano menor, Bartolomé Colón, a explorar la isla y sus aguas. Mientras exploraba la región, Bartolomé encontró una gran canoa conducida por una tripulación maya procedente de la península de Yucatán. A bordo había muchos artículos de lujo, por lo que era muy probable que se tratara de una canoa comercial que viajaba hacia el sur para comerciar con otras sociedades mesoamericanas.

En lugar de intentar intercambiar información con la tripulación maya o establecer una relación cordial, la tripulación española saqueó la canoa y tomó al capitán como prisionero, con la esperanza de que pudiera servir de intérprete para futuras conquistas. Este primer encuentro entre españoles y mayas marcaría el tono sombrío de décadas de conquista y explotación en todo el Yucatán.

El resto de la tripulación viajó de vuelta a la península y comenzó a difundir la noticia de su encuentro con los españoles. La noticia de los invasores blancos empezó a extenderse por las ciudades mayas de la costa, y muchos empezaron a creer que habían sido enviados por el dios serpiente emplumada Kukulkán, una poderosa deidad de las tierras bajas del norte.

En 1511, la «Santa María de la Barca» naufragó frente a la costa de Jamaica, en el mar Caribe. El capitán Pedro de Valdivia y su tripulación decidieron flotar hacia el oeste en uno de los pequeños botes del barco. En el transcurso de dos semanas, la mitad de la tripulación murió por deshidratación y exposición al calor. Los supervivientes desembarcaron en la costa oriental de Yucatán, donde les esperaba un recibimiento no muy acogedor.

Según fuentes españolas, el señor maya local, Halach Uinik, tomó a la tripulación superviviente como prisioneros. El capitán y otros cuatro miembros de la tripulación fueron asesinados inmediatamente en un sacrificio ritual, y la población local se comió sus cuerpos.

### Aguilar y Guerrero

Dos de los supervivientes, Gerónimo de Aguilar y Gonzalo Guerrero, escaparon de sus captores mayas, pero fueron capturados por otro señor maya. Los dos hombres sirvieron como esclavos en la ciudad maya de Chetumal durante ocho años, llegando a dominar la lengua maya. Aguilar fue rescatado por una fuerza expedicionaria española dirigida por Hernán Cortés, a quien sirvió de traductor durante sus campañas en el centro de México.

Guerrero siguió un camino muy diferente hacia la libertad. Cuando Aguilar fue rescatado, Guerrero se había asimilado parcialmente a la cultura maya local. Se había convertido en un miembro de alto rango de la fuerza militar del pueblo maya y había adoptado muchas prácticas culturales de la población local, como los piercings y tatuajes tradicionales mayas. Se había casado con una mujer maya local y puede haber sido el primer padre de hijos mestizos en América.

Los compañeros españoles de Guerrero hicieron varios intentos por recuperarlo, pero él se negó a abandonar el pueblo maya. Se sabe que Guerrero pudo incluso dirigir campañas de los mayas locales en su lucha contra sus antiguos camaradas.

*Una estatua de Guerrero en Akumal, México (Crédito: Wikimedia Commons)*

Francisco Hernández de Córdoba

La primera fuerza expedicionaria española que desembarcó en la península estaba al mando de Francisco Hernández de Córdoba. La flota partió de Cuba en 1517 y llegó cerca de la costa norte de la península. Córdoba optó por no desembarcar debido a los peligrosos bajos de la costa, pero divisó un pequeño asentamiento indígena en la costa. Al día siguiente, varias canoas mayas remaron hasta el barco y mantuvieron un intercambio amistoso con la tripulación española tras subir a bordo.

Decidiendo que la población local recibiría a sus fuerzas pacíficamente, Córdoba decidió desembarcar en la costa. La pequeña fuerza expedicionaria comenzó a dirigirse a la ciudad local cuando los guerreros mayas locales les atacaron. Algunos de los miembros de la tripulación resultaron heridos por las flechas de la emboscada, pero pudieron hacer retroceder con éxito a los atacantes mayas. Los mayas solían utilizar puntas de flecha de sílex, por lo que a menudo se rompían dentro de las heridas y provocaban horribles infecciones, que más tarde causarían la muerte de dos de los hombres heridos.

Después de rechazar con éxito a los atacantes, las fuerzas españolas se dirigieron a las afueras de la ciudad cercana, donde saquearon algunos de los templos mayas y otros edificios. Los españoles encontraron muchos objetos de oro, lo que llenó a los hombres de gran emoción por las riquezas que se podían encontrar en la región. Después de tomar dos prisioneros para que sirvieran de intérpretes, Córdoba y sus hombres volvieron a su barco para continuar su expedición.

A medida que la flota navegaba hacia el sur por la costa occidental de la península, la tripulación se vio peligrosamente mermada en sus suministros de agua dulce. La tripulación llegó a la ciudad costera maya de Campeche en febrero de 1517 e inmediatamente envió un grupo a la ciudad para recuperar agua. La población de la ciudad les permitió entrar en ella y llevarse algo de agua en sus barriles, pero la situación pronto se agravó, ya que los dirigentes de la ciudad les ordenaron que regresaran a su barco.

El barco siguió navegando hacia el sur durante más de una semana, hasta desembarcar cerca de la ciudad maya de Champotón. Al llegar a la costa, la tripulación encontró rápidamente una fuente de agua dulce, pero pronto fue recibida por un grupo de guerreros de la ciudad. El barco pudo reponer su suministro de agua, pero la fuerza expedicionaria se encontró completamente rodeada por una importante fuerza maya al día siguiente.

Durante la batalla que duró una hora, más de la mitad de las fuerzas españolas murieron y todos los españoles supervivientes resultaron heridos. Al final de la batalla, los hombres supervivientes se dirigieron frenéticamente a sus barcos y zarparon hacia el Caribe.

La historia de la expedición fue documentada por el capitán Córdoba, que sucumbió a sus heridas poco después de la batalla de Champotón. Lo más importante es que también escribió con detalle sobre el oro y otros artefactos ricos encontrados en la región maya. Aunque la narración de esta expedición no tuvo un final feliz para los primeros españoles que exploraron el corazón maya, no disuadió a otras expediciones. Las perspectivas de riqueza potencialmente intacta en el territorio maya no hicieron sino acrecentar el creciente fervor de la conquista española en América.

## Juan de Grijalva

En 1518, Juan de Grijalva fue enviado por su tío, el gobernador cubano Diego Velázquez, en la segunda expedición a Yucatán. Velázquez era muy optimista respecto a los informes sobre la existencia de oro en las zonas costeras de la península y dio a su sobrino cuatro barcos para la expedición.

En abril de 1518, la flota llegó a la isla de Cozumel, frente a la costa oriental de Yucatán. Grijalva y sus hombres hicieron varios intentos de relacionarse con la población de la isla, pero esta huyó de la costa a la llegada de los barcos. Tras recorrer la costa oriental de la península, Grijalva decidió dar la vuelta y navegar por la costa occidental.

La fuerza llegó a la ciudad de Campeche e intentó negociar un intercambio por agua potable, pero la población de la ciudad declinó. El capitán, enfadado, abrió fuego sobre la ciudad con un cañón montado, lo que provocó que gran parte de la población abandonara la ciudad y huyera al bosque. Mientras la flota se acercaba a Champotón, apareció una banda de guerreros mayas en canoas, pero huyeron rápidamente a la orilla cuando Grijalva empezó a disparar sus cañones.

La flota se dirigió entonces a la región de Tabasco, en la costa del golfo, donde un grupo de guerreros mayas les miraba fijamente desde la costa, pero no mostraba ningún signo de ataque. Grijalva utilizó a sus traductores para realizar una pequeña transacción comercial con el grupo, que le habló de la gran riqueza de los aztecas en el centro de México. A continuación, la flota navegó hacia el oeste, hacia la costa del centro de México, y vio muchas señales del gran imperio azteca.

En su viaje de regreso al Caribe para informar sobre el gran imperio azteca, la flota se detuvo en Champotón para vengar a los españoles muertos en la ciudad durante la expedición anterior. La batalla que siguió tuvo resultados similares a la primera, y gran parte de la fuerza expedicionaria fue herida y obligada a huir de vuelta a sus barcos.

Aunque estas dos expediciones solo dieron lugar a breves encuentros con las poblaciones mayas de la costa, sembraron la semilla de las posteriores conquistas que asolarían la sociedad maya. La inmensa riqueza intacta de Mesoamérica quedó confirmada por estos peligrosos viajes, y ahora solo era cuestión de tiempo que los grandes conquistadores del siglo XV llegaran para apoderarse de ella.

# Capítulo 14: Hernán Cortés y Pedro de Alvarado

Mientras los rumores se extendían por toda España y el Caribe controlado por los españoles sobre las potenciales riquezas de Mesoamérica, el más grande de los exploradores españoles se erigió en el capitán de la expedición más ambiciosa de las Américas. Hernán Cortés quedó cautivado por las historias de la gran riqueza del Imperio azteca en el centro de México. Consideró que la península de Yucatán no solo era un lugar de gran riqueza potencial, sino también un lugar privilegiado para el desembarco y la base de operaciones para el eventual avance hacia el corazón azteca.

Cortés fue puesto a cargo de una flota de 11 barcos y 500 hombres para la expedición. Muchos miembros de la tripulación, como Pedro de Alvarado, se convertirían en algunos de los más famosos (o infames) conquistadores de las conquistas españolas.

*Un grabado de Cortés realizado por el artista del siglo XIX William Holl (Crédito: Biblioteca del Congreso de los Estados Unidos)*

La expedición de Cortés

Al igual que la expedición anterior, la flota llegó primero a la isla de Cozumel. Sin embargo, Cortés sabía que su expedición tenía que aportar un elemento mucho más permanente a la influencia española de las Américas. Los templos sagrados mayas fueron destruidos al llegar a la isla y se levantó una cruz cristiana en sus tejados. Como se mencionó en el capítulo anterior, Cortés también envió una partida de búsqueda a la península que rescató a Gerónimo de Aguilar, quien le serviría de traductor.

La flota viajó entonces hacia el oeste rodeando la península, llegando finalmente a la región de Tabasco en la costa del golfo. Las fuerzas españolas desembarcaron en la desembocadura de lo que Cortés llamó el río Grijalva, cerca de la ciudad maya de Potonchán. Los guerreros mayas salieron de la ciudad y se produjo una gran batalla que terminó con una decisiva victoria española tras las inmensas bajas mayas.

## La caída de los aztecas

Tras la batalla, Cortés fue abordado por los nobles mayas derrotados, que le ofrecieron diversos bienes, entre ellos artículos de oro y jóvenes mujeres mayas. Una de estas mujeres, llamada Marina, desempeñaría un papel fundamental en la conquista de México y de los aztecas.

El padre de Marina era un jefe azteca y, tras su muerte, fue vendida como esclava por su madre. Acabó en la región de Tabasco tras ser vendida a los mayas de la costa del golfo. La combinación de su gran formación educativa en el seno de una familia noble azteca y su dominio de las lenguas maya y azteca la convirtieron en un gran activo para Cortés.

La joven esclava demostró ser mucho más que una traductora. Resultó ser un gran activo para la conquista de México, ya que enseñó a los españoles los entresijos de la cultura mesoamericana y la geografía de la región. También se convertiría en amante de Cortés durante el viaje, y la pareja tendría un hijo en común.

Tras la victoria en Tabasco, Cortés dirigió su flota hacia el noroeste, a lo largo de la costa, hasta el corazón del Imperio azteca. Tras derrotar a los tlaxcaltecas y a Cholula, Cortés formó una poderosa alianza con muchos pueblos del centro de México que estaban más que dispuestos a ayudar a derrocar a sus señores aztecas. En 1521, Cortés tomó la capital de Tenochtitlan y la rebautizó como Ciudad de México. La nueva ciudad serviría como capital de la Nueva España y se convirtió en el centro del colonialismo español en América.

### Interacciones con los mayas del Soconusco

Tras enterarse de que el Imperio azteca había caído tan rápidamente en manos de los españoles, los mayas kaqchikel y k'iche' de las tierras altas enviaron a sus diplomáticos para proclamar su lealtad al dominio español de México. Al año siguiente, Cortés envió una partida de reconocimiento al Soconusco, en el suroeste de la región de Chiapas, en la Sierra Madre de Chiapas. A pesar de la lealtad de los k'iche' y kaqchickel a España, los exploradores informaron que ambos reinos mayas estaban atacando a los pueblos del Soconusco que eran aliados leales a España.

Con estos dos reinos mayas que podían perturbar el control español de la región, Cortés envió a Pedro de Alvarado con una fuerza militar masiva formada por tropas españolas y aliados mesoamericanos para sofocar los disturbios y conquistar totalmente la actual Guatemala.

Alvarado conquistó por completo la región del Soconusco a principios de 1524. Mientras que en la mayoría de las regiones controladas por los españoles, las poblaciones indígenas fueron reunidas en los asentamientos coloniales, a los mayas del altiplano se les permitió permanecer en su territorio debido a sus huertas de cacao, consideradas uno de los cultivos más valiosos de la Nueva España.

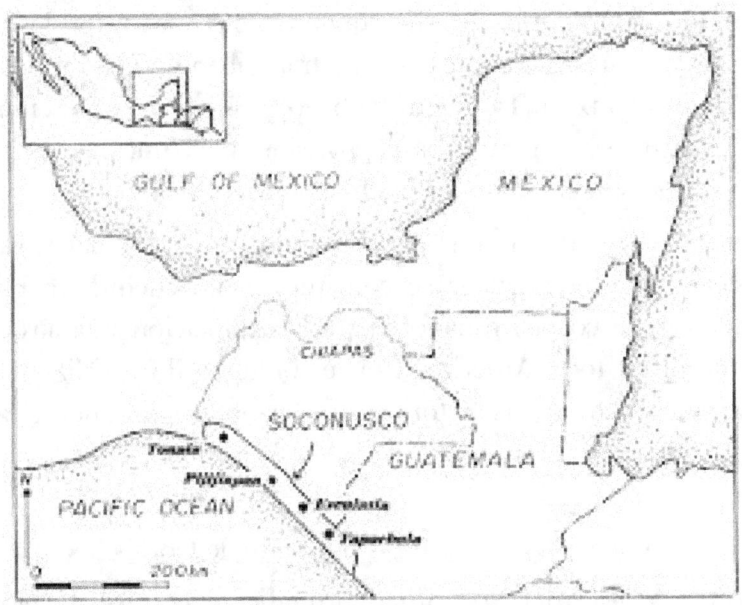

*Ubicación del Soconusco (Crédito: FAMSI)*

Encomienda

El sistema de encomienda fue un sello de la brutalidad y la explotación de las conquistas. Fue la respuesta de la corona española a la imposibilidad de establecer un gobierno colonial centralizado entre las hostiles poblaciones indígenas de América. El sistema de encomiendas permitía a los colonos españoles vivir en cualquier tierra no conquistada que desearan. Por supuesto, estas tierras solían estar ocupadas por poblaciones locales a las que no les gustaba tener nuevos gobernantes españoles.

Al colonizar el territorio, se convertían en propietarios a los ojos de la corona española. Tenían la responsabilidad de actuar como administradores de la tierra y de su población local, lo que significaba en gran medida protegerla de invasores externos, convertirla al cristianismo y establecer otras instituciones, como un sistema educativo. Sin embargo, este sistema casi siempre se convertía en explotación. Los colonos solían asentarse en la tierra con la ayuda de una fuerza militar, conquistando a los lugareños y saqueando gran parte de su riqueza. Los mayas locales eran tomados y vendidos como esclavos o trabajaban en los campos con poca o ninguna paga. También se obligó a los lugareños a renunciar a muchos de sus suministros y provisiones, lo que provocó una hambruna generalizada en los pueblos locales.

Todo esto quedó impune para las autoridades coloniales, ya que el sistema de encomiendas se convirtió en un cheque en blanco firmado por la corona española para la explotación y la atrocidad sin control en toda América. Con el pretexto de «civilizar» a las poblaciones nativas, las autoridades españolas permitieron a los conquistadores y colonos diezmar y explotar libremente al pueblo maya.

La conquista de las tierras bajas por parte de Cortés

Con la región del Soconusco firmemente controlada por los españoles, Cortés puso su mirada en la actual Honduras. Cortés había enviado a uno de sus capitanes de mayor confianza, Cristóbal de Olid, a conquistar la región, pero Olid se rebeló y se declaró gobernante de la región independiente de la Nueva España.

Cortés partió del corazón azteca en octubre de 1524 con una fuerza militar compuesta en gran parte por tropas indígenas mexicanas. Tras atravesar la región del golfo de Tabasco, Cortés condujo a sus hombres a la densa selva tropical de las tierras bajas mayas del sur, pasando justo por las ruinas abandonadas de Tikal. En marzo de 1525, la fuerza llegó al lago Petén Itzá y fue recibida por los mayas locales. El rey maya que se reunió con Cortés quedó tan impresionado con los sacerdotes católicos después de celebrar una pequeña ceremonia para celebrar la misa que declaró que él y su pueblo se convertirían inmediatamente al cristianismo.

Después de visitar Nojpetén, Cortés se embarcó en su parte más ardua de la expedición. Sus fuerzas cruzaron el actual Belice, en las montañas Mayas, y muchos hombres y caballos murieron al encontrarse perdidos en el actual este de Guatemala. Los hombres estuvieron a punto de morir de hambre antes de encontrar a un joven niño maya que les condujo a un pueblo cercano. Al cabo de unas semanas, Cortés llegó finalmente a su destino en Honduras con una parte de los hombres con los que partió del centro de México. Para su sorpresa, se encontró con que el territorio había sido reclamado para la Nueva España, ya que sus propios hombres mataron al capitán renegado.

Conquista de las tierras altas

A principios de 1524, Pedro de Alvarado dirigió las fuerzas españolas a través de la llanura costera del Pacífico, llegando finalmente a los mayas k'iche' del altiplano guatemalteco. Una fuerza militar k'iche' trató desesperadamente de impedir que Alvarado cruzara el río Samala, pero finalmente fracasó. Tras cruzar el río y hacer retroceder a los mayas, los españoles saquearon los pueblos de la región.

El 8 de febrero, Alvarado se enfrentó a una formidable fuerza defensiva en la ciudad de Xetulul y, tras derrotar a los mayas, asaltó la ciudad e instaló su campamento en la plaza central. La fuerza española se dirigió entonces a las montañas de la Sierra Madre, donde otra fuerza maya le tendió una emboscada. Tras hacer huir a los guerreros locales, se dirigió a la ciudad de Xelajú, cuya población entera había huido al enterarse de la entrada de los españoles en la Sierra Madre.

El 18 de febrero, un enorme ejército de 30.000 guerreros k'iche' atacó a Alvarado, pero este rechazó el ataque con éxito, infligiendo grandes bajas al ejército k'iche'. Tras su desastrosa derrota, los señores k'iche' pidieron la paz y solicitaron a Alvarado que visitara Q'umarkaj. En la ciudad local de Tzakaha, se celebró una misa de Pascua, se construyó una iglesia y muchos de los nativos fueron bautizados y convertidos.

Durante todo el mes de marzo, Alvarado y sus hombres residieron en un pequeño campamento en las afueras de Q'umarkaj. Alvarado invitó a dos de los líderes más poderosos de la ciudad a reunirse con él en el campamento y, en cuanto llegaron, los tomó como prisioneros. Al conocer la noticia de la captura de sus líderes, los k'iche' lanzaron un asalto al campamento, pero fueron rechazados. Tras la exitosa defensa del campamento, Alvarado quemó vivos a los dos líderes, atacó la ciudad y la arrasó.

Tras destruir la ciudad, Alvarado se puso en contacto con los kaqchikeles cercanos y les propuso una alianza para luchar contra los guerreros k'iche' supervivientes que huyeron de la ciudad. Al enterarse de la destrucción de Q'umarkaj, muchos otros pueblos mayas de las tierras altas se rindieron a Alvarado.

En abril, Alvarado y sus hombres entraron en la ciudad de Iximche y establecieron relaciones amistosas con sus gobernantes kaqchikeles. Los reyes proporcionaron a la fuerza española muchas tropas mayas nativas para ayudar a derrotar a los k'iche' y a los tz'utujil. En julio, Alvarado decidió hacer de Iximche la capital de la Guatemala colonial, rebautizándola como «Santiago de los Caballeros de Guatemala».

Alvarado envió entonces dos enviados a los tz'utujil para persuadirlos que se rindieran, pero ambos españoles fueron asesinados. Los españoles se reunieron inmediatamente con los tz'utujil para combatir en un lago local con una fuerza masiva, incluyendo muchos soldados kaqchikeles. Tras una devastadora carga de caballería, los tz'utujil se retiraron frenéticos a una isla del lago. Los españoles atacaron entonces a los supervivientes que huyeron a la isla, aunque muchos tz'utujil pudieron escapar nadando hasta la orilla.

Tras la batalla, los españoles y los kaqchikeles entraron en Tecpán, la capital de los tz'utujiles, y la encontraron completamente abandonada. Los gobernantes mayas de la ciudad no tardaron en enviar emisarios al campamento de Alvarado sobre su deseo de rendirse.

*El paisaje que se podía ver desde Tecpán (Crédito: Chensiyuan)*

Preludio a la conquista de Chiapas

El conquistador Luis Marín fue enviado a Chiapas en 1524 para realizar un reconocimiento para la próxima conquista de la región. Partió de Coatzacoalcos, en la costa del golfo, con una pequeña fuerza expedicionaria, que acabó enfrentándose a una fuerza de guerreros chiapanecos en el río Grijalva. Tras derrotar a la fuerza maya, Marín atravesó un asentamiento poblado por zinacantecos, que resultarían ser algunos de los aliados españoles más leales en la región de Chiapas.

Al acercarse a la ciudad de Chamula, Marín fue abordado por un grupo de mayas tzotziles, que le dieron la bienvenida pacíficamente. Sin embargo, cuando se acercó a la ciudad, empezó a encontrar una resistencia hostil por parte de los guerreros locales y descubrió que la población había huido con sus provisiones. Marín sufrió una emboscada de los guerreros chamulas, que se situaron en lo alto de un acantilado y lanzaron lanzas contra las fuerzas españolas. Cuando Marín y sus hombres llegaron por fin a Chamula, comprobaron que estaba completamente abandonada. Los españoles se dirigieron a Huixtán, una ciudad aliada de los tzotziles, donde la población también abandonó la ciudad. Tras derrotar a la pequeña fuerza defensiva que había allí, los españoles decidieron regresar a Coatzacoalcos.

## Revuelta kaqchikel

A pesar de la fuerte alianza entre los gobernantes kaqchikeles y Alvarado, los kaqhickeles se desilusionaron cada vez más por los exorbitantes tributos de oro exigidos por los españoles. Después que los kaqchikeles se negaran a pagar, la población abandonó rápidamente la capital, anticipando un ataque español. Los kaqchikeles que ahora vivían en los remotos bosques de la región empezaron a llevar a cabo una guerra de guerrillas contra los conquistadores.

Marín estableció un nuevo asentamiento colonial en la región, pero pronto fue trasladado hacia el este, al valle de Almolonga, debido a los constantes ataques de los rebeldes kaqchikeles. Los kaqchikeles continuaron su guerra de guerrillas contra los españoles hasta 1530, cuando dos gobernantes kaqchikeles se rindieron finalmente a Marín.

## Zaculeu

El hermano de Pedro de Alvarado, Gonzalo de Alvarado y Contreras, conquistó la ciudad de Xinabahul en 1525 con una gran fuerza militar compuesta en gran parte por tropas nativas aliadas. A continuación, se dirigió a la ciudad de Momostenango, que fue rápidamente tomada por las fuerzas españolas. Después de tomar Momostenango, sus fuerzas se dirigieron a Huehuetenango, donde un gran ejército maya mam le salió al encuentro. Las fuerzas españolas dirigieron una carga de caballería contra los guerreros, que rápidamente emprendieron una frenética retirada y corrieron hacia el bosque. Al llegar a la ciudad, los españoles la encontraron completamente abandonada.

El gobernante de los mam se enteró de la victoria española y estableció una fuerte defensa en la ciudad de Zaculeu mientras los españoles se acercaban. Utilizó su gran sistema de alianzas de los pueblos mayas vecinos para defender la ciudad. Aun así, Alvarado pudo romper muchas de las defensas durante las fases iniciales de la batalla. Los guerreros mam se retiraron al interior de las defensas amuralladas de la ciudad mientras una gran fuerza de refuerzo maya atacaba a los españoles desde el norte. Los hombres de Alvarado diezmaron rápidamente a los refuerzos y los españoles iniciaron un asedio a Zaculeu que duraría meses. Cuando se levantó el asedio, la mayor parte de la población de la ciudad había muerto, y muchos de los hambrientos supervivientes recurrieron al canibalismo. Tras el brutal asedio, se construyó una gran guarnición en Huehuetenango.

# Capítulo 15: Conquista de Chiapas

Pedro de Portocarrero fue puesto al frente de una nueva conquista en la región de Chiapas. A principios de 1528, sus fuerzas crearon una base de operaciones en San Cristóbal de Los Llanos, que controlaban los mayas tojolabales. Tras crear una guarnición allí, la fuerza avanzó gradualmente hacia el valle de Ocosingo. La expedición de Portocarrero a Chiapas tuvo un éxito extraordinario y, al final del año, los españoles controlaban casi todos los Altos de Chiapas.

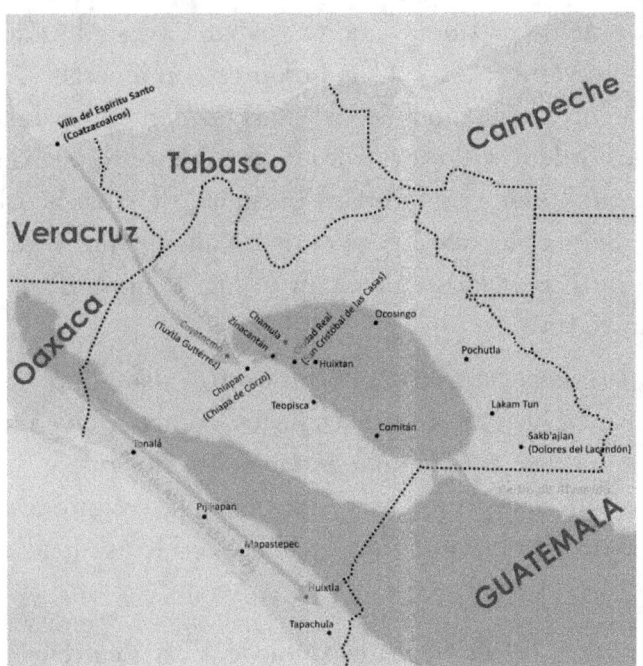

*Primeras rutas de entrada a Chiapas, 1523-1525 (Crédito: Simon Burchell)*

Diego Mazariegos

Ese mismo año, Diego Mazariegos llevó una fuerza a la región de Chiapas, donde gran parte de la población había muerto debido a la hambruna generalizada y a las enfermedades. La ciudad local de Zinacantán, que se quejaba de las revueltas contra el nuevo gobierno español, pidió ayuda para sofocar a los rebeldes, y Mazariegos envió una pequeña fuerza que sofocó rápidamente la rebelión.

Mazariegos había recibido la orden de convertir los Altos de Chiapas en una provincia para la corona española. Después de asegurar Zinacantán, dirigió su fuerza a Chiapas, donde crearon una pequeña guarnición llamada «Villa Real» que serviría como base temporal de operaciones para la conquista de Chiapas.

Muchos de los españoles que ya estaban en los Altos de Chiapas recibieron a Mazariegos y a sus hombres con amargura, ya que la región era considerada una de las zonas más preciadas de los Altos. Mazariegos ordenó a Portocarrero y sus hombres que abandonaran la zona, y ambos se reunieron en la ciudad de Coatzacoalcos para negociar. Se acordó que los colonos españoles que vivían en San Cristóbal de Los Llanos emigrarían a Villa Real, que ahora estaba en el valle de Jovel.

Tras las negociaciones, Portocarrero abandonó la región, regresando a Guatemala, y Mazariegos comenzó a animar a los españoles locales a aventurarse en territorio maya virgen. La expansión en estos territorios fue más fácil porque un gran porcentaje de la población maya local había sido asesinada.

Rebelión

El principal asentamiento español de Villa Real en el valle de Jovel se encontró rodeado por una población maya local cada vez más hostil que luchaba constantemente por la supervivencia. Las fuerzas españolas trajeron enfermedades a los mayas locales y les obligaron a renunciar regularmente a sus recursos, como la comida y el agua. Cuando la hambruna empezó a devastar a la ya deteriorada población maya, esta empezó a planear una rebelión contra los españoles. Al ver que Villa Real quedaba aislada de los refuerzos y suministros españoles, los mayas se levantaron contra sus nuevos amos. La única población maya local que no se rebeló fue la ciudad de Zinacantán.

Cuando los mayas locales se negaron a entregar los suministros a los colonos de Villa Real, los españoles dirigieron una serie de asaltos de caballería a los pueblos locales. Los mayas se retiraron con sus familias a las remotas montañas y cuevas de la región que les sirvieron de baluartes defensivos. Los españoles y las tropas indígenas del centro de México entablaron una batalla frontal con los mayas locales en Quetzatlepeque, que se saldó con una victoria española a pesar de las numerosas bajas. A pesar de la victoria, el resto de la población chiapaneca siguió siendo hostil a los españoles.

Mazariegos se vio pronto obligado a abandonar la región al caer gravemente enfermo y fue sustituido por Juan Enríquez de Guzmán como líder de Villa Real. Guzmán trató de extender la influencia española por toda la región, pero la población local siguió sin obedecer a la autoridad colonial.

Ciudad Real

Pedro de Alvarado asumió el cargo de gobernador de la provincia de Chiapas en 1531 e inmediatamente cambió el nombre de Villa Real por el de San Cristóbal de Los Llanos. Una fuerza española atacó la ciudad maya local de Puyumatlan y, aunque no pudo tomarla por completo, se llevó muchos esclavos mayas que pudieron ser vendidos en el creciente mercado de esclavos de Nueva España.

La captura de esclavos locales se convirtió en una de las partes esenciales de las conquistas españolas, ya que el asalto a las pequeñas aldeas solía causar pocas bajas, y los esclavos podían venderse a precios elevados en el mercado de esclavos. La captura de esclavos por parte de los conquistadores les ayudó mucho en sus aspiraciones de conquista, ya que creó un ciclo continuo que hizo que las conquistas se autofinanciaran en gran medida. Los esclavos eran capturados y vendidos a precios elevados en el mercado, y luego ese dinero se utilizaba para comprar más caballos y armas, que se empleaban para capturar más esclavos y territorios. De hecho, a lo largo de algunos periodos de la conquista, muchos conquistadores se centraron más en realizar pequeñas incursiones para capturar esclavos en las poblaciones locales que en ampliar su territorio. Sin embargo, esto contribuyó obviamente a la creciente hostilidad de las poblaciones locales.

En 1535, San Cristóbal de Los Llanos fue rebautizado como Ciudad Real, y la colonia comenzó a crecer en la década de 1540 con la llegada de nuevos colonos de toda Nueva España.

## Bartolomé de Las Casas y la evangelización de Chiapas

A medida que las conquistas se prolongaban, muchos católicos de las colonias del Caribe y de España empezaron a manifestar su preocupación humanitaria por el trato que recibían los indígenas de las Américas. Bartolomé de Las Casas se convirtió en el más destacado crítico del desastre humanitario que se estaba produciendo en todo el Nuevo Mundo.

*Las Casas incluyó en su libro esta imagen de los españoles cometiendo atrocidades durante la conquista de Cuba (Crédito: Joos van Winghe)*

Las Casas fue un sacerdote español que ayudó a evangelizar a las poblaciones indígenas durante la conquista del Caribe. Tras ver los horrores de las conquistas de primera mano, regresó a Europa en 1515 y comenzó a hacer campaña para una investigación que sacara a la luz las atrocidades de los conquistadores. Aunque Las Casas estaba a favor de la colonización y de la asimilación de los indígenas a la cultura católica española, esperaba poder transformar la expansión genocida desenfrenada de las Américas en una colonización pacífica. Una de las estrategias era enviar a los campesinos católicos a las Américas, ya que eran mucho más propensos a ser colonos pacíficos que los violentos y militantes conquistadores.

Las Casas puso en práctica esta estrategia en la actual Venezuela en 1520. Partió de España con un grupo de campesinos, proclamando que establecería una ciudad donde los nativos y los campesinos convivirían pacíficamente en una sociedad igualitaria y libre. Las Casas esperaba crear una alternativa al genocidio y la explotación de los conquistadores. Esperaba convertir a los indígenas al catolicismo y asimilarlos, al menos parcialmente, a la cultura europea, al tiempo que les daba el mismo estatus que a los españoles.

Sin embargo, el plan estaba condenado desde el principio. No solo pudo reclutar a un número muy reducido de campesinos y trabajadores para viajar a América, sino que además encontró una gran oposición por parte de los terratenientes españoles locales una vez que llegaron. La ciudad fue abandonada en 1522 cuando fue atacada por los indígenas cercanos.

Tras su desastroso experimento en América, Las Casas comenzó a escribir la Historia de las Indias, que relataba sus experiencias durante las conquistas. El libro ofrecía una crónica sombría de los acontecimientos de las conquistas, pero con un sabor profético y religioso. El tema principal del libro profetizaba que —un día— España sería castigada divinamente por el horror que había traído a los pueblos de América. La Casas se aseguró que el libro no se publicara hasta después de su muerte. Los escritos posteriores tendrían un tono cada vez más laico, ya que acusaba a los españoles de diezmar a la población nativa por su codicia de oro y riquezas.

La monarquía española aprobó las «Leyes Nuevas» en 1542, que se centraron en el establecimiento de sistemas administrativos más oficiosos en las regiones conquistadas que ayudaran a disminuir la violencia, las incursiones y los saqueos contra las poblaciones locales. Esta fue una inmensa victoria para Las Casas, a quien el rey Carlos eligió como obispo colonial para la región de Chiapas.

Las Casas se embarcó hacia América en 1544 con un grupo de seguidores, llegando a Ciudad Real en marzo de 1545. La llegada de Las Casas y los dominicos supuso un cambio radical en la administración de la región, y muchos colonos locales se opusieron a la nueva injerencia religiosa. Los colonos acabaron expulsando a los clérigos de Ciudad Real con amenazas de violencia, y estos se vieron obligados a operar desde los pueblos rurales cercanos. Cuando el grupo comenzó a evangelizar la región, volvió a instalarse en Ciudad Real después de que se enfriaran las tensiones con los colonos. Sin embargo, el poder de Las Casas como obispo pronto sería desmantelado por colonos influyentes que utilizaron su poder para presionar a la corona española.

Las Leyes Nuevas no tuvieron éxito en su misión, y el rey Carlos se vio obligado a desechar muchas de las disposiciones centrales de las leyes. Poderosos colonos de toda Nueva España amenazaron con rebelarse si se aplicaban las leyes, y Carlos temió perder los nuevos territorios americanos en los que tanto había invertido. A pesar de ello, las Leyes Nuevas supusieron un momento monumental en la conquista española, ya que la Iglesia católica española, una de las instituciones más poderosas del país, comenzó a condenar la brutalidad de los conquistadores.

Tras la disolución de las Leyes Nuevas, los colonos locales se volvieron cada vez más hostiles a Las Casas, quien finalmente se vio obligado a huir de la región. Tras regresar a España en 1547, pasó el resto de su vida escribiendo y predicando sobre la situación de los indígenas de América y la devastación causada por las conquistas. A los ojos de muchos grupos indígenas, Las Casas no sería ciertamente una figura histórica perfecta, ya que abogó por la colonización y la conversión de los pueblos indígenas al catolicismo. Sin embargo, Las Casas ha sido celebrado por muchos líderes latinoamericanos que reconocen los extraordinarios riesgos que corrió al pronunciarse contra los poderosos conquistadores y las aspiraciones coloniales de la corona española.

Las Casas vio de primera mano la degradación moral de las conquistas desde dentro y utilizó su poder en la Iglesia católica para educar a los gobiernos europeos y a sus poblaciones sobre las brutales realidades de la exploración en el Nuevo Mundo. Las Casas fue una de las primeras figuras en abogar por los pueblos nativos de las Américas, que perdían cada vez más sus tierras, su población y su cultura ante el control cada vez más estricto del colonialismo español.

A pesar de los grandes esfuerzos humanitarios de Las Casas y sus compañeros evangelistas dominicanos, estos misioneros también se esforzaron por destruir las creencias religiosas sagradas de los mayas de Chiapas. Los dominicos destruyeron muchos templos y monumentos mayas sagrados en toda la región de Chiapas, sustituyéndolos por iglesias cristianas.

Los misioneros utilizaron tácticas manipuladoras para persuadir a la población nativa que se convirtiera, como utilizar el libro bíblico de las revelaciones para convencerles que serían castigados divinamente si no abandonaban sus propias creencias religiosas. Con la rápida y completa destrucción de sus vidas y medios de subsistencia que ocurría a su alrededor, no es difícil entender por qué gran parte de la población nativa maya empezó a creer en las advertencias apocalípticas de los misioneros y a convertirse al cristianismo.

# Capítulo 16: La conquista de la península de Yucatán

Mientras las conquistas del Imperio azteca en el centro de México aportaban a los conquistadores y a la corona española una enorme cantidad de riquezas, el norte de la península de Yucatán permanecía en gran medida en la periferia de las ambiciones coloniales. El estado fragmentado de las ciudades y la aparentemente impenetrable y densa selva tropical hacían del corazón maya un territorio mucho menos deseable para saquear.

Francisco de Montejo

Sin embargo, en 1526 Francisco de Montejo, un veterano conquistador que ayudó a Cortés a conquistar a los aztecas, recibió oficialmente el permiso de la corona española para conquistar Yucatán. Desembarcó cerca de la aldea de Xelha, en el noreste de la península, con 400 hombres e inmediatamente la rebautizó como «Salamanca de Xelha». Los hombres pronto empezaron a quedarse sin comida y provisiones y comenzaron a hacer cada vez más incursiones contra los aldeanos mayas locales. Después de que los mayas huyeran con sus provisiones a la selva tropical, los hombres mostraron signos de moral decaída, y a Montejo le preocupó que pudieran secuestrar un barco y desertar. Para frenar esta amenaza, quemó los cuatro barcos que estaban atracados cerca del asentamiento.

La fuerza se fue acostumbrando a las duras condiciones de la península y comenzó a extender la influencia española por el noreste de Yucatán. En 1528, Montejo y sus hombres llegaron a la ciudad maya de Chaucaca, solo para encontrarla completamente vacía. A primera hora de la mañana del día siguiente, los hombres fueron emboscados por una fuerza de guerreros mayas de la ciudad que habían huido a la selva antes de la llegada de Montejo. Los españoles lograron rechazar el ataque y partieron inmediatamente hacia la ciudad de Aké. A su llegada, se produjo una gran batalla que condujo a una decisiva victoria española que dejó más de mil guerreros mayas muertos. Después de esta enorme derrota maya, los gobernantes locales se rindieron a Montejo.

Después de visitar otros asentamientos mayas, Montejo y sus hombres volvieron a su base de operaciones en Xelha, pero se encontraron con que los mayas locales habían matado a más de la mitad de los hombres allí destinados. También encontraron muerta a toda una fuerza de españoles que estaban apostados cerca del pueblo de Pole.

Tras huir al Caribe con sus hombres, en 1529, Montejo se convirtió en alcalde de Tabasco, en la costa del golfo. Sin embargo, aún no había terminado con su objetivo final de tomar el Yucatán. Tras varios intentos fallidos de crear asentamientos que sirvieran de punto de partida para la conquista de la península, Montejo estableció una guarnición en la ciudad de Campeche. Alonso d' Avila viajó por tierra a través del este de la península para formar un asentamiento, pero se vio obligado a huir finalmente a la actual Honduras debido a la hostilidad de los lugareños.

Una gran fuerza militar maya local dirigió un asalto a las tropas españolas en Campeche, pero Montejo pudo rechazar el ataque. El señor maya local, Aj Canul, se reunió inmediatamente con Montejo tras la derrota y se rindió. El hijo de Montejo, que ya era un conquistador de alto rango, pudo establecer la nueva colonia española en la ciudad de Chichén Itzá, llamada Ciudad Real. Unos meses más tarde, el gobernante maya local fue asesinado durante un supuesto intento de asesinar al hijo de Montejo. La muerte del gobernante maya agudizó aún más las hostilidades entre los lugareños y los españoles, y la guarnición de Chichén Itzá fue atacada en el verano de 1533. Las fuerzas españolas se vieron obligadas a abandonar Ciudad Real y huir hacia el oeste, a territorios mayas más amistosos.

La población maya de Xiu, en el noroeste de la península, se convirtió en el mayor aliado de los españoles durante sus conquistas. Su territorio se convirtió en un refugio seguro para los conquistadores mientras seguían intentando conquistar regiones hostiles. Montejo regresó a Campeche para establecer relaciones más amistosas con los mayas de allí, pero los rumores de las expediciones del conquistador Francisco Pizarro en el corazón de los incas en Sudamérica empezaron a quebrar la moral de los hombres de Montejo. Mientras que tanto las conquistas de los aztecas en el centro de México como las de los incas en Perú encontraron enormes riquezas, lo único que el Yucatán había aportado a los conquistadores eran poblaciones mayas locales hostiles. Aunque el oro descubierto por las expediciones iniciales era prometedor, a muchos de los españoles les parecía que estaban tratando de conquistar una civilización que no tenía riquezas que merecieran ser conquistadas.

Los hombres de Montejo empezaron a abandonarlo en busca de otras oportunidades en América, y Montejo y su hijo regresaron a la región del golfo de Veracruz. Montejo y Alvarado se enzarzaron en una amarga rivalidad por la gobernación de Honduras, de la que Alvarado resultó finalmente vencedor.

Un fraile franciscano llamado Jacobo de Testera se embarcó hacia el oeste de Yucatán para intentar la evangelización y la incorporación pacífica de los lugareños al Imperio español. Fiel amigo de su compañero evangelizador Bartolomé de las Casas, Testera también había sido testigo de primera mano de la crueldad de los conquistadores y esperaba llevar la colonización pacífica a Yucatán. Sin embargo, esta misión pronto se vino abajo. Después de llegar a Champotón en 1535, el fraile y los conquistadores estacionados allí se volvieron cada vez más hostiles entre sí, y Testera se vio obligado a abandonar sus esfuerzos por evangelizar el oeste de Yucatán.

Tras la marcha del fraile, la fuerza militar española en Champotón persuadió a los señores mayas locales para que se sometieran. Sin embargo, esto resultó ser una victoria muy pequeña, ya que la guarnición española quedó aislada, rodeada de poblaciones locales que solo se habían vuelto más hostiles desde su llegada. La amarga realidad de la conquista de Yucatán desanimó a muchos conquistadores, que abandonaron cada vez más las perspectivas de capturar el corazón maya.

*Las ruinas de una iglesia que había sido construida con piedras de los templos mayas (Crédito: Vmenkov)*

## Los efectos de la conquista en los mayas

Tras casi veinte años de conquista en la península, los españoles solo ocupaban un puesto aislado en la costa occidental. Mientras se descubrían cantidades insondables de oro y riquezas en toda América, Yucatán no solo parecía ser una de las regiones más inconquistables, sino que además no contaba con la riqueza suficiente para que las conquistas merecieran la pena. El corazón maya, que solo unos siglos antes había sido el hogar de la mayor civilización de las Américas, se veía cada vez más como un desperdicio de recursos, vidas y tiempo de los españoles.

Mientras los españoles pensaban en qué hacer con Yucatán, la civilización maya luchaba por sobrevivir. Desde la llegada de los españoles, las enfermedades del Viejo Mundo habían hecho estragos en sus poblaciones. Los intentos de los españoles de enfrentar a las poblaciones mayas entre sí funcionaron, y ahora las ciudades y aldeas mayas, que durante siglos se consideraron amigas, aliadas, vecinas y parientes, se veían cada vez más como enemigos potenciales. Aunque el corazón maya nunca fue totalmente pacífico, la entrada de los conquistadores españoles en el frágil y fragmentado ecosistema político de Yucatán creó un ambiente paranoico que inhibió cualquier intento de unificación entre los mayas para defender su patria.

Las enfermedades, la hambruna y la manipulación política habían roto definitivamente cualquier atisbo de unificación maya, ya que cada ciudad y pueblo empezó a luchar por su supervivencia en el nuevo y destructivo paisaje creado por las conquistas españolas. Todo lo que los mayas podían hacer ahora era aferrarse a sus sistemas culturales que todavía estaban firmemente en su lugar y anticipar la próxima llegada de los conquistadores al norte de Yucatán.

## La colonización del norte de Yucatán

El hijo de Montejo, Montejo el Joven, asumió la colonización del norte de Yucatán de manos de su padre en 1540. Al año siguiente, llevó sus tropas primero a Champotón y luego a Campeche, donde creó el primer ayuntamiento colonial local de Yucatán. Montejo el Joven sabía que para evitar los errores de las anteriores conquistas de la península, tenía que crear estructuras estables de poder administrativo local que atrajeran a los colonos y crearan una presencia colonial española permanente en la región. Tras crear el consejo, se dirigió a los asentamientos mayas locales y les ordenó que se rindieran, a lo que muchos señores locales accedieron.

Sin embargo, el gobernante maya local de Canul siguió siendo hostil, y Montejo el Joven envió a su primo a su ciudad. El segundo ayuntamiento colonial, Mérida, se creó cerca de la ciudad de Canul, y las tropas españolas de guarnición allí fueron abordadas por el señor de Canul. Esperaba establecer la paz con los españoles. El gobernante, Tutul Xiu, quedó impresionado por los sacerdotes cuando dieron misa católica y se convirtió inmediatamente al cristianismo.

La sumisión de Tutul Xiu a los españoles en Mérida fue uno de los momentos más importantes de la conquista de Yucatán. Tutul Xiu era uno de los gobernantes más influyentes del mundo maya, y su rendición creó un efecto dominó, ya que los gobernantes mayas de todo el oeste de Yucatán comenzaron a someterse a la autoridad colonial española. Mientras que los gobernantes del este de Yucatán seguían siendo hostiles a los españoles, la creciente influencia en el oeste dio a los españoles el respiro y los aliados nativos que necesitaban para conquistar la totalidad del corazón maya.

Las fuerzas españolas fueron enviadas hacia el este, donde muchos gobernantes aceptaron a los españoles pacíficamente, y los que no lo hicieron fueron rápidamente derrotados. Cuando estas fuerzas llegaron a los mayas del extremo oriental de Yucatán, muchos permanecieron hostiles y pudieron mantenerse independientes de la autoridad española. Sin embargo, en 1546 los españoles tenían gran parte del oeste y el centro del norte de Yucatán firmemente bajo su control.

En noviembre de 1546, los señores mayas más poderosos de las regiones independientes del este llevaron a cabo una rebelión masiva y bien organizada contra las autoridades coloniales españolas. Las guarniciones y los asentamientos coloniales de todo el oeste fueron atacados por guerreros mayas, lo que provocó numerosas bajas en ambos bandos. Los mayas fueron finalmente derrotados en una batalla final y gran parte de la población de las provincias occidentales huyó hacia el sur, a las tierras bajas del centro y del sur. Después de 30 años de conquista, los españoles finalmente capturaron el norte de Yucatán.

# Capítulo 17: Las conquistas finales

Con el norte de Yucatán y la mayor parte de las tierras altas bajo control español, las tierras bajas del centro y el sur, concretamente la cuenca del Petén, se convirtieron en la última región maya independiente que sobrevivía. Miles de mayas de toda la región acudían continuamente a ella para escapar del hambre, las enfermedades, la esclavitud y el sistema colonial. Los españoles veían esto como una gran amenaza, ya que su sistema de encomiendas dependía en gran medida del trabajo de los indígenas locales.

Esta región sería, con mucho, el territorio más inconquistable de toda Centroamérica. Aparte de las densas selvas tropicales, había fuentes de agua dulce para sostener una fuerza militar durante las campañas, y los asentamientos tendían a estar algo aislados. Los habitantes de la región, especialmente los mayas itzá, eran los guerreros más feroces que los españoles habían encontrado en América.

A mediados del siglo XVI, los itzá habían aprendido muchas de las tácticas de los españoles gracias a los emigrantes que huían del norte de Yucatán y de las tierras altas, y empezaron a utilizar su terreno en beneficio de los conquistadores mediante tácticas de asalto y huida. Debido a la densa selva de la región, los españoles se vieron privados de su mayor ventaja militar: el uso de la caballería. Sin embargo, el declive del comercio en la región y el creciente aislamiento de las comunidades itzá significó que era solo cuestión de tiempo que también cayeran ante los españoles.

Como se explica en el capítulo 12, la conquista de la cuenca del Petén comenzó con la llegada de los misioneros a mediados del siglo XVI. La ciudad de Nojpetén fue la última ciudad maya importante que cayó en manos de los españoles, siendo finalmente conquistada en marzo de 1697. La región resistió más de 150 años tras las conquistas iniciales de Yucatán.

Tras siglos de progresión desde las ciudades olmecas de la costa del golfo hasta los centros urbanos de las tierras bajas, la gran civilización maya se encontraba ahora totalmente a merced del gobierno colonial español.

# Conclusión

La conquista completa del corazón maya no sería el fin de las penurias para el pueblo maya. De hecho, solo fue el principio. Desde la corona española hasta el gobierno guatemalteco moderno, el pueblo maya experimentaría muchos años de explotación y opresión.

Entonces, ¿qué se puede aprender de la civilización maya y cómo se pueden utilizar esas lecciones en un contexto moderno? ¿Qué relación tienen las pirámides escalonadas de piedra con los modernos rascacielos de nuestras grandes ciudades como Nueva York o Dubái? ¿Cómo podría un antiguo sistema de creencias compuesto por dioses míticos tener algo que ver con la vida del siglo XXI? Aunque la civilización maya de la península de Yucatán pueda parecer demasiado lejana en el pasado como para extraer lecciones modernas, el paisaje internacional del siglo XXI es un reflejo directo del antiguo sistema político maya.

Los mayas tenían rutas comerciales de larga distancia por todo Yucatán que crearon una compleja economía dentro de Centroamérica, lo que refleja en gran medida los sistemas de comercio internacional de hoy en día. ¿Cómo puede uno estudiar el conflicto entre Tikal y Calakmul y no pensar en la Guerra Fría entre Estados Unidos y la Unión Soviética, donde cada bando libró guerras por delegación y creó sistemas de alianzas para conseguir el dominio político? Aunque los estudios internacionales modernos empequeñecen los de los mayas, casi todos los temas del orden internacional del siglo XXI pueden verse en la civilización maya dentro de un área relativamente pequeña de la península de Yucatán.

Muchos de los problemas internacionales a los que se enfrenta la sociedad actual, desde la guerra hasta la desigualdad de ingresos, pasando por la degradación del medio ambiente, suelen considerarse problemas modernos. Las amenazas a las que se enfrentó la civilización maya demuestran que muchos de estos problemas no nacen únicamente en el siglo XXI. Por el contrario, son problemas humanos que han formado parte de nuestra historia desde el principio de los tiempos. Así, en lugar de condenar las lecciones de las antiguas civilizaciones del pasado como «demasiado antiguas para ser relevantes», deberíamos estudiar los problemas a los que se enfrentaron y cómo los combatieron.

El tiempo era inherente al sistema de creencias maya. Los mayas no solo estaban fascinados con él; estaban obsesionados con él. El tiempo se estudiaba en gran medida a través de la observación astronómica y el registro para llevar la cuenta de las estaciones agrícolas, realizar ceremonias religiosas y muchas otras necesidades que dependían del tiempo.

La idea central que giraba en torno al tiempo para los mayas era su creencia de que su universo acabaría siendo destruido por los dioses y sustituido de nuevo por otro. A pesar de todas sus asombrosas teorías astronómicas y matemáticas, su impresionante arquitectura, que todavía hoy nos maravilla, sus vivas prácticas culturales y su arte, que podía competir con cualquier cosa que se produjera en la Europa contemporánea, quizás su concepto de la «destrucción del universo» fue lo único que los mayas entendieron mal.

La supervivencia y el florecimiento del pueblo maya actual demuestran que los universos, los mundos y las civilizaciones nunca se destruyen realmente. Por el contrario, la historia pasa por un patrón cíclico de destrucción, dispersión y creación que combina los restos de lo antiguo con las invenciones de lo nuevo.

Aunque el declive de Tikal y Calakmul supuso la destrucción de un sistema político que abarcaba toda la península y de los grandes centros urbanos de la época, sus poblaciones llevaron los restos de lo que hizo grandes a estas ciudades a otras regiones. Allí, las poblaciones mayas aprendieron de los errores de los grandes centros urbanos de las tierras bajas y los ampliaron. Aunque los conquistadores españoles asolaron Yucatán con sus aspiraciones de conquista y evangelización, el pueblo maya se aferró firmemente a su cultura e historia. Aunque las ciudades y pueblos cercanos pueden tener nombres y lenguaje español, los mayas han encontrado su lugar en la vida moderna de Centroamérica, a la vez que mantienen un firme control de su herencia cultural.

La civilización maya nunca se derrumbó, ni se extinguió por las brutales conquistas de los conquistadores; la civilización maya ha sobrevivido hasta nuestros días a pesar del colapso apocalíptico del Clásico terminal y de las conquistas del siglo XVI. La supervivencia de los mayas ha demostrado que, por muy apocalíptica que sea una amenaza, una base cultural fuerte y resistente se mantendrá firme en su pueblo.

Es difícil no señalar la amarga ironía por la que, mientras el catolicismo disminuye entre la población de España hoy en día, la cultura tradicional de los pueblos rurales mayas ha seguido siendo una parte inherente e inexorable de sus vidas. Aunque la inmensa brutalidad de las conquistas españolas y el colapso de las ciudades-estado mayas no lo muestren, está claro que los dioses de los mayas siguen velando hoy por su pueblo de Yucatán.

# Vea más libros escritos por Enthralling History

# Bibliografía:

David Freidel. A Forest of Kings: The Untold Story of the Ancient Maya. William Morrow Paperbacks; January 24, 1992.

Matthew Restall. Invading Guatemala: Spanish, Nahua, and Maya Accounts of the Conquest Wars. Penn State University Press; January 15, 2008.

Lawrence H. Feldman. Lost Shores, Forgotten Peoples: Spanish Explorations of the South East Maya Lowlands. Duke University Press Books; February 5, 2001.

David Drew. The Lost Chronicles of the Maya Kings. University of California Press; March 20, 2000.

Elliot M. Abrams. How the Maya Built Their World: Energetics and Ancient Architecture. University of Texas Press; June 4, 2010.

Simon Martin, Nikolai Grube. Chronicle of the Maya Kings and Queens: Deciphering The Dynasties of the Ancient Maya. Thames & Hudson; April 28, 2008.

Michael D. Coe, Stephen D. Houston. The Maya (Ancient Peoples and Places). Thames & Hudson; June 16, 2015.

Richard Diehl. Olmecs: America's First Civilization (Ancient Peoples & Places). Thames and Hudson; December 31, 2004.

Michael D. Coe. America's First Civilization. Discovering the Olmec. American Heritage Association / Smithsonian; January 1, 1968.

Robert M. Rosenswig. The Beginnings of Mesoamerican Civilization: Inter-Regional Interaction and the Olmec. Cambridge University Press; December 28, 2009.

Francisco Estrada-Belli. The First Maya Civilization: Ritual and Power Before the Classic Period. Routledge; December 20, 2010.

Sarah E. Jackson. Politics of the Maya Court: Hierarchy and Change in the Late Classic Period. University of Oklahoma Press. May 24, 2013.

www.ingramcontent.com/pod-product-compliance
Lightning Source LLC
Chambersburg PA
CBHW062055280426
43673CB00073B/174